近現代中華文化思想叢刊

近代中國史學述論

下冊

羅志田　著

目次

反思與展望

下冊

研討的取向

史義的探索

見之於行事：中國近代史研究的可能走向[*]

──兼及史料、理論與表述

　　近日不少學人對中國近代史研究的現狀不甚滿意，而相對比較共同的不滿即「理論」似乎被淡化；最有意思的是不少20世紀50年代後期到60年代出生的中青年研究者對那一時代經常產生涉及理論的廣泛討論或爭論充滿景仰，很希望這一現象能夠再現。最近關於中國近代史研究的「範式」問題引發的討論大體是上述的總體不滿和期望的一種表述，相信還會有進一步的探討和其他的表述。[1]個人對這樣的宏觀問題雖心嚮往之，然自知學力實不能至，不敢置喙；因教學的需要，頗感覺近代史研究中一些不那麼抽象宏觀的具體問題似也有討論的必要，畢竟在校的學生（特別是研究生）所面臨的恐怕更多是這樣的具體問題。

---

* 本文的前幾稿曾分別在復旦大學、山東大學、四川大學和天津師範大學講述，四川大學中國近現代史和中國文化史博碩士研討班也始終在關注和討論相關問題，上述學校聽眾和研討班同學提出的問題皆有助於本文的修改；其間也與一些對此感興趣的同人進行過討論，獲得不少直率的指教，這是要特別致謝的！當然，本文所有片面疏漏之處，概由我個人負責。

1　參見吳劍傑《關於近代史研究「新範式」的若干思考》（《近代史研究》2001年2期）及其所針對的觀點。

　　本文希望簡約地討論近代中國的一些時代特徵及其對史學研究的制約，並在此基礎上根據我們中國近代史研究的現狀探索某些今後可能的發展。因個人見聞的限制和未能進行廣泛充分的研究，本文言及近代中國的特徵趨勢和中國近代史研究的現狀都僅涉及部分而非全部；根本言之，本文完全無意於整體論述，而更多是反映個人教學、研究和閱讀他人論著過程中積累的一些並不系統的看法。[2]正因此，本文若有所建言，也以建設性為初衷，側重具體，無意排他，不過希望成為新世紀史學百草園中競存的一草（one of the contested many）而已。

　　又本文的表述方式相對接近中國傳統的「舉例」法，希望通過具體的事例申論一些想法，例之所在即論之所及，亦論之所止。前些年西方文學批評理論有一種觀念，認為文本一經產生，即具有了脫離作者母體的獨立生命。不知是否受到這一理論的影響，近年我國學界頗有不顧作者原意而隨意解讀「文本」的傾向；但是這些解讀者對此理論的服膺又似乎是有限的或有選擇的，他們在解讀時並不就「獨立」的文本解釋文本，而是往往將其解讀還贈文本的作者，指出某某主張如何、某某贊同和反對什麼，等等。任何既存理論都自成統系，即使以「弱水三千取一瓢飲」的態度徵引，也不宜省略或違背其基本原則。讀者若取上述文學批評理論解讀本文，煩請指明是「文本」之意而非作者之意，則幸甚。

一　近代中國的變與不變

　　近代中國一個顯著的特點是變動既劇烈又頻繁，張海鵬先生最近

2　為減少申論的重複，也避免因解讀他人論著有誤而引起爭議，本文較多引用個人論著，特此說明。

提出，近代中國百餘年間有七次「革命高潮」。[3]張先生原文立意不在言「變」，但仍從一個側面有力地體現了變的特點。各種變化中最引人注目者，當然還是西潮的衝擊，即晚清人愛說的「數千年未有的大變局」，這也是過去研究的重點；近年中外學界皆有更加注重中國本土因素的傾向，值得鼓勵，但不能因此便忘記什麼是當時當地人最受刺激和最為關注的。實際上近代因西潮蕩擊而引出的一系列文化、社會、思想、經濟、政治以及軍事的多方面劇變不僅密切相關，而且相互影響，待研究的面相還非常廣泛。[4]

其實，衝擊中國的西方也是一個變數，不僅「西方」這一大名詞涵蓋下的各國各族各文化有相當大的差異，就是整個歐美自身在近代也是日新月異、變化萬千。前些年許多學者愛討論中國「早期現代化」的「外發」特點，其下意識中顯然是把「西方」作為一個已經「早期現代化」的定量來看待。實則近代西方本身也處在不斷「現代化」的進程之中，特別是與中國人接觸的西方人（以傳教士為最多，其次商人），大部分是西人中不怎麼「現代化」的那一部分；這些人帶來的觀念，有些或反不如某些中國常規觀念那麼「現代化」；他們中有的是在到中國後才開始「現代化」，有的更是從中國文化裏汲取「現代化」的成分。因此，我們研究近代外在影響與中國「現代化」的關係時，恐怕不得不同時注意考察近代西方進行中的現代化這一變數。

同時，近代中西雙方也還有許多——或者是更多——不變的層面。近代中國的多變最接近春秋戰國時期，而邢義田先生關於從戰國

---

3 張海鵬：《關於中國近代史的分期及其「沉淪」與「上升」諸問題》，《近代史研究》，1998年2期。

4 以下關於近代中國特徵和趨勢的討論，凡未注明出處者，均參見羅志田《權勢轉移：近代中國思想、社會與學術》。

至西漢的族居、族葬和世業的研究證明，即使在那段社會、經濟、政治、思想各方面都發生劇變的時期，人們仍長期維持聚族而居、族墓相連、生業相承的生活，雖迭經變亂而變更不大，呈現出強烈的延續性。[5]這一研究結果對考察近代中國極有提示意義，雖然兩時段未必事事皆同，然若能更加注重民眾生活的具體事例，必有新的收穫。[6]

究竟是變的一面還是不變的一面更能體現近代中國歷史發展的特色，這是個重大的史學問題。實際上，史家固然可以區分變與不變的兩面，恐怕更通常的狀態是兩者並行而共存，將其區分而考察，也只是為研究方便而已。也許因為近代入侵的西人常常譏刺中國歷史幾千年恆久不變，或者由於清季以還中國人都喜變求變，我們的史學研究也一向是多見變的一面，而較忽視歷史的延續性。只有在較全面深入地瞭解了變與不變的兩面之後，才能更充分地認識近代中國。當然，變與不變是相互緊密關聯的，如果能進一步弄清近代中國變的諸多面相，也能從反面或不同的側面為我們提供瞭解不變一面的參照系。[7]

值得注意的是，在近代變的共相之下，許多具體面相的發展變化速度又是不同步的。近代中國另一個顯著特點是多歧性：幅員廣闊造成了明顯的區域性發展差異，同時還存在著社會變動與思想（或心

---

5 邢義田：《從戰國至西漢的族居、族葬、世業論中國古代宗族社會的延續》，《新史學》，6卷2期（1995年6月）。

6 例如，北伐時期一則討論婚姻自由的材料說，那時湖北仍然非常盛行在兒童出生後不久即由父母代訂婚約之事。對一般民眾來說，子女的婚姻恐怕是最重要的家庭大事，即便將當時早婚的因素考慮在內，這些父母也是在為十幾年後的重大事情訂立既有保障也具約束力的「契約」。湖北是辛亥革命以後兵家必爭之地，戰亂對民生的騷擾應該比中國多數地區更嚴重，訂立這樣的長期契約風險極大。這就提示出當時雖然戰亂頻仍，而一般老百姓的生活似乎並未受到根本的衝擊，所以這些父母才敢於為十幾年後的大事預作安排。一條區域性的材料當然不足以說明問題，進一步的深入考察甚至可能得出相反的結論，但仍提示著一個可探索的研究方向。

7 關於變與不變的並行而共存，承四川大學的王東傑先生提示，謹此致謝。

態）等具體面相的發展變化速度不同步的現象。除一般多已注意的城鄉差別外，若可以將發展演變劃分階段，則京、滬和一些口岸或者已發展到後面的時段，內地則可能尚不同程度地處於前面的時段，或竟在兩時段之間。學界對中國近代經濟發展及以此為基礎的生計的區域性差異已有大量的討論（但可研究者仍不少），而中國區域性的地緣文化因素自古較強，特定的區域文化語境對士人和大眾的觀念、行為所產生的直接間接影響，似可引起進一步的關注。

可以說，在相當長的一段時間裏，近代全國以京師和通商口岸及其影響輻射區為一方，以廣大的內地為另一方，大致已形成從價值觀念到生存競爭方式都差異日顯的兩個甚至多個不同的「世界」。當時要能夠沿社會階梯上升，已必須按其中之一即山西鄉紳劉大鵬所說的「洋世界」的方式進行競爭；區域發展的差異造成了讀書人思想資源的區別，導致與「洋世界」信息距離（而非地理距離）的遠近常常決定包括科舉考試在內的生存競爭的成敗。從信息傳播和信息掌握的角度考察近代中國各地社會變化速度及思想和心態發展不同步這一現象的論著已經出現，還有寬廣的發展空間。

劇變頻仍和多歧性等特徵影響了並制約著發展的走向，近代中國不論思想社會，都呈正統衰落、邊緣上升的大趨勢。社會變遷既是思想演變的造因，也受思想演變的影響。由於中國面臨的外力全面入侵的問題基本未變，士人對國勢不振的關注並謀求解救之道這一總的關懷始終是共同的，而另一大致共同之處即越來越走上激進與趨新之路。學界對近代中國的「激進化」有不同的看法，但這多半因為許多人把「激進」具體到與特定的階層、人物、思想觀念或政治主張直接聯繫起來，並與對其的肯定或否定「評價」掛鉤。其實若將「激進」理解為一種激烈的、主張帶根本性的變革並希望一舉解決問題這樣一種態度，則激進而且越來越激進應該是近代中國一個不爭的發展趨

勢;民初從「家庭革命」到「佛教革命」等各類「革命」成為口頭
禪,且為社會精英這一通常最不傾向革命的既得利益群體所不斷倡導
鼓勵,就是明顯的例證。

　　西潮衝擊之下的近代中國士人,由於對文化競爭的認識不足,沿
著西學為用的方向走上了中學不能為體的不歸路。自身文化立足點的
失落造成中國士人心態的劇變,從自認居世界文化的中心到承認中國
文化野蠻,退居世界文化的邊緣。結果,從思想界到整個社會都形成
一股尊西崇新的大潮,可稱作新的崇拜。[8]到第一次世界大戰「西
方」形象在中國「分裂」而不再是一個整體的「美好新世界」之後,
新的崇拜仍未衰減,後五四時期中國思想爭論各方之主要思想武器仍
基本是西來的,伍啟元甚至認為當時中國思想界的發展「全以西方資
本主義文化的精神為中心」,即中國學術思想「以迎拒西洋資本主義
制度和它底文化精神為核心」。清季以還的中西「學戰」逐漸變為中
西名義下實際的西與西戰。[9]

8　所謂全社會形成「一股」趨新大潮,並不意味著整個社會都在趨新。如前所述,儘
　管變的一面是近代中國的明顯特徵,由於既存研究的不足,我們尚不能肯定不變的
　一面是否更深遠地影響著當時歷史的發展。而且,在明確多歧性這一近代特徵的基
　礎上,恐怕很難有任何因素可以囊括或涵蓋全社會(如非漢族地區特別是多民族共
　居區域就有明顯的特異性,某些情形未必與漢族為主的區域相類,此點承西南民族
　學院的秦和平教授提示,謹此致謝)。實際上,本文在使用諸如「思想界」一類群
　體概念時通常是指城鎮區域以「精英」為主(但希望能儘量顧及非精英人物)的
　「思想界」,而非廣泛的全稱性概念。在這樣的意義下使用這類詞彙反映出我們的
　既存研究疏忽了許多(如果以人數論可能更多)社會群體,本文雖然意在前瞻,其
　論述在很大程度上顯然仍受既存研究的制約。葛兆光先生已指出我本人過去研究中
　的這一缺陷,參其《重繪近代社會、思想與學術地圖》,《歷史研究》2001年1期,
　145-146頁。

9　伍啟元:《中國新文化運動概觀》,現代書局,1934年,25頁;說詳羅志田《西方的
　分裂:國際風雲與五四前後中國思想的演變》,收其《二十世紀的中國思想與學術
　掠影》,134-159頁。

　　尊西趨新的流風有力地影響了蔣廷黻、羅家倫等開創的中國近代史研究，並因費正清將其傳入本來就喜新厭舊的美國，在美國的近代中國研究領域得到強化，此後又反過來影響中國，形成一種循環式的推動和促進。結果，既存的近代中國史研究，有意無意中傳承了許多「洋世界」的關懷，而忽略了相對本土和「落後」的那一「世界」，更多給新派一邊以發言權，使舊派處於程度不同的「失語」（voiceless）狀態之中。[10]儘管這一傾向近年可見明顯的改變，晚清開始形成的「新的崇拜」在史學界顯然仍有極大的影響。

　　在史學研究的對象和題目的選擇上，這一傾向直接導致不夠「新」或「進步」的人與事常常沒有什麼人研究，同一人物也是其「進步」的一面或其一生中「進步」的一段更能引起研究者的注視；偏舊的（包括自認不新和被認為守舊的）人與事漸少受到關注，日益淡出史學言說。這種過分關注「進步」人事的取向有時也許會造成（未必是有意的）先驗的思路，即人物或政治力量的「進步」常可能轉換為其行為或策略的「正確」，結果是研究的結論（或者至少帶傾向性的觀點）常常產生於研究開始之前。例如，我們常常見到辛亥革命推翻清朝是因為革命派更進步（因而更正確）的論述，同理也常見於論證北伐軍何以能戰勝北洋軍閥。不論史學究竟是否可算嚴格意義的「科學」（近年國內對此關注的學者已越來越多），這樣先驗的研究傾向肯定減少了史學研究的準確性。在此傾向下重建出的史實，也可能距原狀更遠。[11]

　　王國維提出，「周秦諸子之說，雖若時與儒家相反對，然欲知儒家之價值，非盡知其反對諸家之說不可」。[12]沒有對比的一面之詞，推

10 說詳本書《新舊之間：近代中國的多個世界及「失語」群體》。
11 參見本書《民國史研究的「倒放電影」傾向》。
12 王國維：《奏定經學科大學文學科大學章程書後》，《靜安文集續編》，《王國維遺書》，

到極端便會連自身也被掩蓋吞噬,結果可能是什麼也看不見。試想一幅畫面全由光亮成分組成的圖畫,我們能看見什麼?沒有暗淡,又何以見得出亮者的光輝?反之亦然。有時候,我們史學言說中的「主流」已帶有虛幻的懸想性(當然多數不是研究者有意為之),未必即是當時當地真正的主流。

這就導致即使趨新的成分也有被忽視的可能,例如清季最後十年的新政,特別是各級政府的實際舉措,其實也是當時趨新的一面,卻因為有革命黨人及其活動這一更「新」(其實是更激進)的事物存在,便未見充分的研究;當時受到較多關注的「落後」的一面是所謂「立憲派」,關於這一群體的研究也常偏於非官方的面相或觀念競爭的一面,而中央政府;尤其是地方一些重要的趨新督撫推動新政的具體努力卻被「革命與改良」之爭遮蔽了。[13]又如北伐時的南北之爭其實是當時的主流,然因北洋軍閥這一「落後」或「反動」勢力未受重視,南北之爭也連帶被忽視,結果後來才成為主流的國共之爭成為北伐研究中受到關注的焦點,真正的時代主流反被掩蓋。[14]

儘管新舊之爭從19世紀後期開始已成為近代中國一個持續的現象,因為有上述時空不同步的發展,新與舊的區分標準以及不同時期的新舊社會分野卻隨時而變。一般人視為不兩立的新與舊,不論在社會史意義上還是在思想史意義上,或者是在兩者互動的意義上,都並非截然分開而是在許多方面彼此相互滲透、覆蓋、甚至重合;有時也表現為思想與社會的錯位——許多在社會區分方面看似歧異甚至對立

第5冊,38-39頁。

13 西方學者比我們稍更關注清季的新政,參見Douglas R. Reynolds, *China, 1898-1912: The Xinzheng Revolution and Japan*, Harvard University Press, 1993(此書已有中譯本),但這一階段可探討之處尚多。

14 參見羅志田《地方意識與全國統一:南北新舊與北伐成功的再詮釋》,收其《亂世潛流:民族主義與民國政治》,上海:上海古籍出版社,2001年,185-225頁。

的新舊派別在思想觀念方面其實有著相當程度的共性，而這些派別在具體的思想論爭中又通常皆站在自己一派的立場上說那一派「應該」說的話，互相攻擊而不計其與對方在特定問題上實際的共識。

在尊西趨新和整個思想界日益激進化這一大趨勢下，隨著真正的舊派或「保守」人物逐漸淡出時代的「話語天地」，思想與社會錯位現象呈愈演愈烈之勢，即對立派別間真正觀念上的實質差異越來越小（雖然有時可能呈現出差異較大的表象），而社會派別上的對立卻越來越激化，彷彿給人以思想界日益兩極分化的印象。既存研究似乎受此影響，對各種思想、政治、學術「派別」之間衝突對立的一面太過強調，而其相近相通之處則相對被忽視。另一方面，有時觀念的歧異、新與舊或「激進」與「保守」皆難以「派別」來劃分，甚至很難以人分，在一定程度上也許只能以事分：同一個人在很短的時間內可能對同一事物有不同的看法，在甲事上持同樣看法的人在乙事上可能完全對立；同盟者和論戰對手的移形換位或在細小問題之上，或在轉瞬之間。這樣，簡單劃分派別而論證的方式雖然醒目易讀，卻可能無意中修改了歷史，從而誤導讀者。

例如，20世紀初年朝野之間的衝突和對立是否達到我們過去所認知的強度？中央和地方各級政府在當時的思想論爭中起到了什麼樣的作用？它們與當時也在競爭中的各在野政治派別的觀念有多大歧異？又有多少共性？過去的中外研究明顯受從同盟會到國民黨意識形態的影響，較少關注清季政府方面的觀念和舉措，其實稍認真地考察當時的思想言說會很容易發現，政府與民間在很大程度上分享著共同的思想資源；尤其是政府對民間言論的採納和包容程度遠超過既存的認知。陳黻宸在發表過明確的反滿言論後仍能任用為京師大學堂的教習，各級政府對剪辮這一顯然帶有反政府色彩的行為實際上相當容

忍，往往採取視而不見的方式對待，[15]都提示著那時朝野之間固有大量的歧異，卻也有不少共同之處，至少其衝突和緊張程度並不像以前認知的那樣嚴重。有時不同派別的民間人士之間觀念的對立甚至超過某些在野者與政府的對立。

　　其實近代中國新舊兩極之間的過渡地帶（更時髦的術語是「空間」）相當寬廣，在新舊陣營裏通常也還有進一步的新舊之分，對許多人來說亦新亦舊恐怕正是常態。汪叔潛在1915年已指出當時的中國「上自國政，下及社會，無事無物不呈新舊之二象」。但新舊的界限又極不明顯：「舊人物也，彼之口頭言論，則全襲乎新；自號為新人物也，彼之思想方法，終不離乎舊。」且一方面新舊相當對立，同時新舊雙方又相互涵蓋而每不自知，出現了「舊者不肯自承為舊，新者亦不知所以為新」的曖昧現象。[16]

　　魯迅到1919年更觀察到，當時中國「四面八方幾乎都是二三重以至多重的事物，每重又各各自相矛盾。一切人便都在這矛盾中間，互相抱怨著過活」。他發現：「中國社會上的狀態，簡直是將幾十世紀縮在一時：自油松片以至電燈，自獨輪車以至飛機，自鏢槍以至機關炮，自不許『妄談法理』以至護法，自『食肉寢皮』的吃人思想以至人道主義，自迎屍拜蛇以至美育代宗教，都摩肩挨背的存在。」[17]或者即因為中國社會濃縮了古今中外「幾十世紀」的狀態，美國傳教士費吳生（George A. Fitch）在1927年春致友人的一封信中認為，20世紀20年代的國民革命同時集政治革命、社會革命、思想革命於一身：

---

15 吳宓於宣統三年進入清華學堂，即自己「將辮髮剪去」。他特別說明「京師各校現雖不許學生剪髮，已剪者則弗過問，余剪之毫無妨礙」。《吳宓日記》，第1冊，1911年2月9日，19-20頁。類似材料尚不少見。

16 汪叔潛：《新舊問題》，《青年》（即後之《新青年》），1卷1號（1915年9月），1-4頁（文頁）。

17 魯迅：《隨感錄五十四》（1919年），《魯迅全集》(1)，344-345頁。

北伐戰爭不僅是像美國南北戰爭一樣的內戰，而且是「集法國大革命、工業革命及文藝復興於一身」的大運動。[18]

在這樣的社會狀態下，許多先前的趨新者因趕不上時代發展的步伐而成為「守舊」者，這也成為近代（特別是20世紀）的普遍現象。由於既存史學研究受趨新大潮的影響太甚，即使出現一些對所謂「保守主義」者的研究，也往往忽略了其通常曾是上一輪的新派（因而也就仍具有趨新的一面或與趨新者接近的一面）這一事實，結果對其「保守」的解讀便不免有所偏差。同時，或許是受到新舊之爭日趨激烈這一表象的影響，或由於研究者多習見史料中明顯的新舊之分，許多「不新不舊」的人與事以及新舊各自陣營中表現不那麼極端或積極的群體，在我們的研究中也多半處於一種「失語」狀態之中。其實這些社群可能更多體現了近代中國不變的一面，能彌補我們近代史畫面上失語的部分，或者不失為今後史家的努力方向。[19]

而且，新舊之間的空間也許還不僅是「過渡性」的，它可以被視為一個超越新舊二元觀念的新思維角度；這一視角是開放的，不僅是增加一元而成三元，還可以進一步引入其他因素，以形成一種多元分析框架。「五四」後期有人曾提出「模拉爾（或穆勒爾，皆英文「道德」之音譯）小姐」的口號，不論提倡者的初衷何在，「小姐」的象徵性出現多少體現了一種欲與德、賽二「先生」有所區別的願望。在男性掌握「話語權勢」的時空裏引入女性「角色」，是否意味著在中西、新舊等等（男性）二元對立中出現第三種聲音，從而打破了二元思維而導向一種多元思維呢？依此類推，如果在傳統與現代、城市與鄉村、精神與物質等習見的二元對立觀念中引入第三或更多的參照系

---

18 該信收錄在George A. Fitch, *My Eighty Years in China*, 臺北：美亞出版公司，1967年，p. 54.

19 參見本書《新舊之間：近代中國的多個世界及「失語」群體》。

進行觀察（當然是在承認前人的實際關注基本是二元的這一前提之下），應可給我們以更廣泛的考察範圍和更開放的研究思路，從而導致一種對近代中國更加全面深入也更接近歷史原狀的認知。

二 學術傳統的中斷與傳承

視野的開放並不意味著以一種偏向掩蓋另一種偏向，趨新畢竟是近代中國的主流，且這一部分仍有相當多類似清季新政這樣涉及較少的內容。許多以前關注的面相和問題有時雖不免給人以功德圓滿的假象，實則研究得還很不夠。在今日急功近利的大勢席捲之下，讀書不仔細是史學界近年特別突出的一個弊端。細讀並不稀見的原始資料常會發現，有些過去認為已經「解決」的問題，其實可能不過是沙築的城堡，貌似輝煌而根基並不穩固。

例如長期受到研究者關注的五四新文化運動，說是「顯學」應不過分；其研究成績固然不容忽視，然而正因為是顯學，也產生出相關的問題。李大釗在五四學生運動兩週年時曾建議：「從今以後，每年在這一天舉行紀念的時候，都加上些新意義。」[20]他的本意當然是希望五四精神能夠隨時代的前進而發展，卻提示了從史學角度考察「五四」的一個取向。1919年以後，每年5月4日差不多都會有一些關於「五四」的紀念文字發表，而我們關於「五四」的歷史記憶也果然隨時代的前進而變化，不斷「加上些新意義」（在一些面相因不斷「再生」而得到加強的同時，也有一些面相被淡忘；但不論具體內容是增是減，「五四」的「意義」本身在不斷被「更新」）。許多紀念文章的作者甚至是五四新文化運動的當事人，其文章建立在回憶的基礎之

---

20 李大釗：《中國學生界的「May Day」》（1921年），《李大釗選集》，358頁。

上，然而若仔細考察，這些當事人自己的見解又往往充滿歧異。這樣，回憶也可能成為「詮釋」，這些歷史的創造者或有意或無意已對歷史進行了「再創造」。[21]

可以說，備受關注的五四新文化運動仍存在相當多的未知面相。雖然「五四精神」不斷被提及，我們歷史記憶中的五四新文化運動與後之歷史發展的關聯，除了一些經特別選擇而得到反覆強調的面相，仍然模糊。五四人最為關注的一些基本問題，包括今人言及「五四」莫不提及的「德先生」和「賽先生」此後在中國的命運和歷程，在研究中就有越來越虛懸而成偶像的趨勢，迄今也還沒有一個相對清晰並為一般人所大致接受的認知，恐怕還需要通過仔細閱讀原始資料以得出更接近原狀的新詮釋。[22]

反之，這方面一些前人已經研究得較充分的面相我們似乎全不知道，今日還在重複。例如受馬克思主義影響的伍啟元在1934年出版的《中國新文化運動概觀》一書，是較早對新文化運動的系統研究，便幾乎未見近幾十年的中外研究者提及。這就提示出。我們的學術傳統其實已有所中斷。清季民初第一代「新學者」給中國學統帶來的新眼光、新取向和新方法極大地突破了傳統學術的視野和研究方式，至今仍影響甚至可以說制約著我們的學術研究。不過，他們引進和發掘的固然不少，揚棄的也相當多。在肯定其宣導的學術新路徑的同時，可能還需要充分認識近代中國學術傳統中斷的影響。

具有弔詭意味的是，儘管20世紀中國近代史的整體趨向非常趨新，但傳統觀念的無意識傳承仍然非常強有力，最明顯的是廣大的「民眾」一直未能成為研究的中心。始於20世紀初的中國「新史學」

---

21 說詳本書《歷史記憶與五四新文化運動》。
22 參見羅志田《歷史記憶中抹去的五四新文化研究》，收其《二十世紀的中國思想與學術掠影》，375-385頁。

一開始本有面向基層和大眾的傾向，當年的學人早就在提倡「民史」
和「群史」；但其內心似並未出現沿此方向的根本轉變，各類新派實
際上長期有著「以資格論人」的舊習氣，真正「講述老百姓故事」的
史學論著始終少見。[23]馬克思在論及共產國際的歷史「重複了歷史上
到處出現的東西」時說，「陳舊的東西總是力圖在新生的形式中得到
恢復和鞏固」。[24]從各類社會「資格」相對較低的社群長期被忽視的現
象看，傳統的無意識傳承有時是通過一種相當曲折的方式來實現，並
與近代思想界的發展相關聯。在「民」或「群」的範圍內，相對不那
麼「進步」或者根本就「守舊」的群體更基本不在史家的關注之中，
「新的崇拜」在史學界顯然很有影響力。[25]

例如，數量極大的纏足女性恐怕就是最為史家視而不見的一個群
體。廢科舉後逐漸被排除出鄉村教育領域的塾師群體，也是一個數量
不小而很少受到關注的群體。而鄉村中一些並不認同民國這一新政體
的士紳，更幾乎無人注意。還有一些不再積極反擊新派而規模又不大
的舊派「世界」，也往往受到忽視。如民初多半生活在上海的所謂
「遺老」，其實就自成一「世界」。很可能由於他們越來越少「預流」
於其所處時代的主流思想言說，過去的史學論述即使在論及舊派時，
對其也幾乎是略而不提的。[26]

既存研究不足的部分，也就是還可能發展的部分，本文立足於
「展望」，故更多針對研究現狀提出一些希望引起關注的問題。

以所謂研究「範式」言，任何框架性的詮釋都應該以廣泛充實的

---

23 參見王汎森《晚清的政治概念與「新史學」》，收入羅志田主編《20世紀的中國：學
　術與社會（史學卷）》，21-29頁。

24 馬克思致弗‧波爾特，1871年11月23日，《馬克思恩格斯選集》，第4卷，394頁。

25 這方面一些初步的討論參見羅志田《乾嘉考據與九十年代中國史學的主流》，收其
　《二十世紀的中國思想與學術掠影》，213-229頁。

26 說詳本書《新舊之間：近代中國的多個世界及「失語」群體》。

具體研究為基礎，今日中國近代史的框架體系並不十分令人滿意（如仍受蘇聯體系影響），然既存研究似尚不足以支持基本的框架性修改。例如，說近代中國史「其實是一場現代化史」這一詮釋體系就非常缺乏具體研究的支撐；我無意判斷這一解釋框架是否「正確」，根本是關於所謂「現代化」的論著數量實在有限。在某種程度上或可以說，近代中國多變而多歧的時代特徵制約了史學研究，使得各類框架性的系統詮釋和整齊劃一的階段論都有相當大的局限性。同時，特定的人與事若不置於更寬廣的時空脈絡之中便會基本失去所謂「歷史意義」，甚至難以索解，故每一個研究具體問題的史家有意無意間又多少接受或遵循著某種框架性的詮釋體系。這是一個非常難處理的問題，需要進一步開放的探索。

　　然並非每一個士兵都必須成為元帥，一個可供選擇的取向恐怕是腳踏實地，走「由虛入實」之路，將研究重心轉向具體的中下層機構、群體、人物和事件。例如，省府縣行政機構的實際運行、各類社會群體的日常生活狀況、城鄉風俗的變與不變、各區域文化的異同、鄉鎮士紳的社會角色（指具體的個案研究而非綜合分析）、整體女性群體和包括「先進」與「落後」的特定女性群體（如數量不大的女學生和數量極大的纏足女性）、區域性的「事件」或全國性事件在不同地區的發生與發展等，都值得引起研究者更多的關注。可以預期，主幹之外的枝葉、骨骼之外的血肉或者會成為新世紀中國近代史研究的一個重點。[27]隨著各種新領域的開拓、中下層及區域性的機構、事

---

27 我要強調說明，軀體的骨骼和血肉都同樣重要，面向基層是針對既存研究相對薄弱的領域多做努力，是不具排他性的「一個」選擇；其實我們對於從慈禧太后、袁世凱到蔣介石等上層人物的研究仍相當不足。所謂「事不孤起，必有其鄰」（蒙文通語），上層史與下層史的研究不僅不相衝突，而且是互補的，若能兩相結合，則所獲更豐（關於上層史與下層史的結合承北京大學楊奎松先生指教，謹此致謝）。

件、群體（特別是一般認知中非正統非主流群體的生活與觀念）等受到進一步的關注，我們對近代中國的認識必然會更加豐富而深入。

學術傳統的中斷和傳承是多面向的，[28]或許因為20世紀初提倡「民史」的學術傳統已中斷，或許因為更早的「君史」傳統「在新生的形式中得到恢復」，在相當長的時期里中國近代史仍以政治史（逐漸包括經濟史）見長。近年有關政治、經濟、外交史等方面的論著開始減少，而以社會史和思想史為主的專門史逐漸興起，這既有學者的自覺努力，即有意彌補過去所忽略者，也受到海外學術發展的影響。[29]唯一個研究領域的發展受學術積累的影響雖無形而實深遠，因資料、專門知識、學者習慣等多方面的限制，社會史和思想史這類專門史的真正成熟還需假以時日。同時，正如王國維所說，「為一學無不有待於一切他學，亦無不有造於一切他學」。[30]各類「新」領域的研究或會使學者對一些滑向邊緣的既存領域產生新的認識，從而導致一些過去積累豐厚的研究領域（例如政治史）的「復興」；在厚積的基礎上出新，可能更容易做到桐城文派所說的「變而後大」。

---

28 或許即因為各類新派實際上長期有著「以資格論人」的舊習氣，程度不同但普遍的民族主義情緒使得新派在中國傳統中尋找思想資源時有意無意以新形式「復興」了一些過去居於「正統」的舊傳統，民初考據的「科學化」便是一例。傳統的考據方法如果不是因整理國故時一度得到強調（雖然未必是有意識的），恐怕便更容易「失傳」。如果完全從功利的角度言，在「破壞」和反傳統長期得到推崇的近代中國，許多傳統的不完全中斷實際上正依賴於這種現代「復興」。參見羅志田：《走向國學與史學的「賽先生」》，《近代史研究》，2000年3期。

29 有意思的是，社會史和思想史在今日西方均已呈衰落之勢，關於社會史可參見周錫瑞《把社會、經濟、政治放回二十世紀中國史》，《中國學術》第1輯（2000年春）。這篇文章討論的西方中國研究的發展動向有的已開始影響我們的研究（更多是非史學專業學人的「歷史研究」），值得認真閱讀。

30 王國維：《國學叢刊序》，《觀堂別集》（《王國維遺書》，第4冊），卷4，7頁。

三　前後左右治史：史料與理論的互補

　　從我們中國近代史研究的現狀看，不論是面向基層還是進一步從事上層研究，都應當依柳詒徵所言，將「今情達古意」落在實證之上。葉德輝曾讚賞《左傳》的作者「於聖人筆削褒貶之心可以因事證明，得其微旨」。若以廣義的歷史上之人與事取代特定的「聖人之心」，這裏正有方法論的啟示：只有對往昔之人與事以實證方式「因事證明」，然後可以「得其微旨」。這樣才可能趨近於章太炎所說的「字字徵實，不蹈空言；語語心得，不因成說」這一境界。[31]

　　史學區別於其他學科的主要特色是時間性，而其研究的對象為已逝的往昔這一點決定了史料永遠是基礎。中國近代史的特點是資料極其豐富，即使落實到很小的題目，史料的窮盡也幾乎不可能，這就更要求治史者儘量廣泛地佔有與研究對象相關的史料，然後可減少立論的偏差。本來20世紀中國新史學的一個主流取向就是史料的儘量擴充，雖然也曾導致忽視常見史料的傾向，但在注意糾偏的基礎上，史料的擴充仍值得進一步提倡。[32]對中國近代史而言，檔案特別是基層檔案的運用仍極為不足，這是造成我們史學言說中鄉、鎮、縣層次的論述迄今非常薄弱的重要原因之一。同時也應更加注重日記、書信、回憶錄等史料的運用，尤其應重視社會中下層那些「無名之輩」的個人記述。

　　由於中國近代史資料的異常豐富繁雜，其中頗有真偽難辨者。古

31　柳詒徵：《評陸懋德〈周秦哲學史〉》，柳曾符、柳定生選編《柳詒徵史學論文續集》，
　　242頁；楊樹穀、楊樹達記，崔建英整理：《邸園學行記》，《近代史資料》總57號
　　（1985年4月），111頁；章太炎：《再與人論國學書》，《章太炎全集》（4），355頁。

32　參見羅志田《史料的儘量擴充與不看二十四史——民國新史學的一個詭論現象》，
　　《歷史研究》2000年4期。

代史研究者一向看重史料辨偽，這一風氣在近代史領域尚不夠流行
（當然也有類似羅爾綱、王慶成先生等少數例外），似應得到進一步
的重視和更有力的提倡。同時，在充分注重史料辨偽的基礎上，也應
注意真史料和偽史料各有其用（造偽的需求、造偽者的動機、偽史料
產生和造偽過程等都能揭示很多問題），且有些不「真」的史料卻也
並不「偽」，至少不是有意造偽。

　　也許因為受辨偽風氣的影響，有學者常因在回憶錄中「發現」不
精確的內容而質疑其可靠性；其實有不精確內容最能證明這一回憶錄
真正「可靠」，蓋回憶錄的價值正在其為當事人之記憶，若事事精
準，則「回憶」時必已參考文獻，一定程度上已成「研究」，至少記
憶已被修改，反不能得「回憶」之真相，因而大大降低其史料價值。
至於有意造偽者，更會努力彌縫，以增強說服力；除非造偽者能力太
低，否則造出的回憶錄往往比真品更少漏洞。若多從歷史記憶的角度
使用回憶錄，應能獲得不少新知。

　　在肯定回憶錄為第一手資料的前提下，也應注意這類史料有時不
是可以通過簡單的辨別真偽來決定取捨的。廣而言之，真偽辨別對任
何史料的運用都還只是第一步。史家固應強調「求其是」，然而史學
卻不止於「求其是」，還必須以民初人愛說的「歷史的眼光」看問
題。胡適後來申論這一觀念說，「無論多麼偉大的人物，總不能完全
跳出他時代的思想信仰的影響」，故研究者不可用後世的眼光去批評
前人，而要「保持歷史演化的眼光，認清時代思潮的絕大勢力」。如
《醒世姻緣傳》便是「一部最有價值的社會史料。他的最不近情理
處，他的最沒有辦法處，他的最可笑處，也正是最可注意的社會史
實」。凡是當時人「真相信」的觀念（如因果報應）及其真正遵守的
社會信條（如最重體面），「都是那個時代的最普遍的信仰，都是最可

信的歷史」。[33]

這是胡適長期治學中體會出的見道之解，最可提示今昔語境不同造成的岐異。語境一變，文本就不易理解。正因為後人所處語境已變，才會對昔人言說產生「不近情理」、「沒有辦法」及「可笑」的感覺。必具有「歷史演化的眼光」，方能產生陳寅恪所謂「瞭解之同情」。王國維提出，科學與史學不同，「凡記述事物而求其原因、定其理法者，謂之科學。求事物變遷之跡而明其因果者，謂之史學」。科學必求是求真，「自史學上觀之，則不獨事理之真與是者足資研究而已，即今日所視為不真之學說、不是之制度風俗，必有所以成立之由，與其所以適於一時之故。其因存於邃古，而其果及於方來，故材料之足資參考者，雖至纖，悉不敢棄焉。」[34]

中國史家重視「求其是」自有其傳統，傅斯年指出，宋之程、朱，清之戴、阮，「皆以古儒家義為一固定不移之物，不知分解其變動，乃昌言曰『求其是』」。其實，「所謂是者，相對之詞非絕對之詞，一時之準非永久之準」也。在這方面不以史學見長的朱子猶勝於戴震和阮元，其「差能用歷史方法」，故論性時尚「頗能尋其演變。戴氏則但有一是非矣」。清代樸學家中「惠棟、錢大昕諸氏較有歷史觀點，而錢氏尤長於此；若戴氏一派，最不知別時代之差，『求其是』三字誤彼等不少。蓋『求其古』尚可藉以探流變，『求其是』則師心自用者多矣」。所謂「求其古」，即從歷史的觀點疏解古籍文本，注重推其言說的淵源流變，以明其在思想史上之地位。歷代「思想家陳義多方，若絲之紛，然如明證其環境、羅列其因革，則有條不紊者

33 胡適：《〈醒世姻緣傳〉考證》，收《胡適論學近著》，濟南：山東人民出版社，1998年橫排本，258-297頁。
34 王國維：《國學叢刊序》，《觀堂別集》（《王國維遺書》，第4冊），卷4，6-8頁。

見矣」。[35]

按傅斯年提出的「求其古」實即胡適所謂「歷史演化的眼光」，不過胡為通人而傅是史家，故所論更為親切。觀其方法，大約不外從具體史事的前後左右立論；然必先讀其前後左右之材料（不必只是文字材料），然後能前後左右立論，而歷史演變之脈絡顯。若回到史料方面，則「求其是」的考辨當然是必須，此後或許仍需進一步考察的是：歷史資料在何種情形下因何目的並經何途徑怎樣留存下來，以及這樣留存下來的材料在多大程度上能使後人瞭解或認識到歷史事物的「真實」發生發展過程。不論史事的客觀存在或「歷史真相」如何，當其被經由某種程序（而不是其他可能的程序）記錄下來後，即使「第一手」的史料也的確可能帶有「偏見」。

有些後現代史家以為凡史料皆帶有偏見，說雖過苛，也未必不通。然推廣言之，史料既然可以皆有偏見，則無不具有某種特定之含義，因而也就無不具有研究之價值。「落花有意」是一句不斷重複的老話，對史學而言卻有非常實際的意義。落花既各有其意，則史料不論常見罕見，其中俱有「意」在，讀者以意逆志，必有所得。[36]既知

35 傅斯年：《性命古訓辯證》，《傅斯年全集》，第2冊，169-170頁。從傅斯年對（不以史學見長的）朱子的表彰及其對乾嘉大儒的貶斥，可知最能繼承乾嘉學統（即提倡歷史和語言並重）的傅氏在治史取向方面仍傾向於「新宋學」一派，後者可參見羅志田「「新宋學」與民初考據史學」，收入其《權勢轉移：近代中國思想、社會與學術》，342-375頁。

36 近代史家多強調任何材料都不應放過，其立意或即在此。梁啟超以為，從史料角度看，「有時尋常認為極無用的書籍和語句，也許有大功用」（梁啟超：《國學入門書要目及其讀法》，收在《胡適文存二集》，卷一，226頁）；周光午回憶說，王國維主張對於「古代材料，細大均不可放過。忽其細處，則大處每不得通」。故「牛溲馬勃，皆足珍奇。只視材料之如何安置，自足繹其條理，以窺見古代之真面目」（周光午：《我所知之王國維先生》，收入陳平原、王楓編：《追憶王國維》，北京：中國廣播電視出版社，1997年，165頁）；顧頡剛同樣強調不能輕視小材料或普通材料，「因為從很小的材料裏也許可以得到很大的發見，而重複的材料正是故事流行的明

其可能有「偏見」，則或儘量去其偏見而用之，或順其意之所近而用之，皆有助於理解過去、認識往昔。要在平等對待史料，予以發言權，便能啟動之而使其「說話」。

王國維並將此提到理論的高度，他說：「天下之事物，非由全不足以知曲，非致曲不足以知全。雖一物之解釋、一事之決斷，非深知宇宙人生之真相者，不能為也。而欲知宇宙人生者，雖宇宙中之一現象、歷史上之一事實，亦未始無所貢獻。故深湛幽渺之思，學者有所不避焉；迂遠繁瑣之譏，學者有所不辭焉。事物無大小、無遠近，苟思之得其真、紀之得其實，極其會歸，皆有裨於人類之生存福祉。」[37]

任何學術研究都不必也不能避開「深湛幽渺之思」，故提倡近代史研究「由虛入實」並非只注重史料，也不排除新理論、新方法的引進和運用。[38]史學研究與理論的關係是近年中外學者都相當關注的問

說」（顧頡剛：《孟姜女故事研究集自敘》，《民俗》，第1期，1928年3月21日，15頁）。

37 王國維：《國學叢刊序》，《觀堂別集》（《王國維遺書》，第4冊），卷4，9頁。

38 我個人關於理論與史料關係問題的主張引起過誤會，我曾為何偉亞（James L. Hevia）的《懷柔遠人：清代賓禮與1793年馬戛爾尼使團》一書寫了書評（文載《歷史研究》1999年1期），由於我的表述試圖偏於中性而不那麼黑白分明，該書評引起一些誤讀，如葛兆光先生便認為「羅志田相當贊許何偉亞『動搖史料與解釋之間的那種通常以為眾皆認可的關係』」（葛兆光：《中國思想史》，第2卷，復旦大學出版社，2000年，50、52頁），這不能不說是誤讀。無論我對何偉亞原書的整體評價如何，我原則上並不「相當贊許何偉亞『動搖史料與解釋之間的那種通常以為眾皆認可的關係』」。何偉亞的論述不能僅從這句話的文字表面理解，這裏所包括的對（主要是西方的）「現代」史學的一些批評確實非常有力，但他，以及一些觀點相近的學者，似乎太過強調「現代民族國家」對史學的「制約」，至少我覺得中國的情形與曾為殖民地的印度相當不同，此不贅述；重要的是一般人恰多從字面理解此語，所以我願意藉此簡單聲明，我認為史學解釋必須受史料的限制、以史料為基礎。我還想附帶說明我對「後現代史學」的基本態度：許多後現代理論我尚讀不懂，但後現代主義對既存史學觀念提出了強有力的挑戰，值得認真面對；作為治史的一種取向，它完全可以也應該和包括「現代史學」在內的其它取向並存而競爭。

題，個人以為，新世紀的史學必須是開放性的，史學研究者應以開放的心態利用一切可資利用的方式方法研究歷史，當然也包括理論。各種史學或非史學的理論都可能有助於研究者觀察、認識和分析問題；多接觸、瞭解和借鑑各類理論顯然是有益的，甚至是必要的。

在具體題目的研究上，則不一定非要套用什麼特定的理論不可。因為任何具體的理論都自成「體系」，有其附帶的框框，未必全適用於異時異地異學科的研究。從根本言，若把「理論」定義到切入角度、認識立場和研究取向等非常寬泛的程度，史學研究顯然離不開理論。就具體的個案考察分析而言，像一些社會科學學科那樣先明確所依靠或運用的理論，然後按圖索驥式地循理而論，當然不失為一種可以嘗試的方式；但是否必須如此，我也還有些存疑。

今日對中國近代史的研究已成世界性的學問，中西史學對話的必要性與日俱增。對於西方史學的長處，要以開放的心態予以充分肯定並學習參考之；但首先要對其真正瞭解，沒有瞭解，談何借鑑？更不足以言對話。現在有些在西方已如日中天的新領域如閱讀史、意象史、軀體史等，在中國大陸便甚少見學人觸及；類似生活史、家庭史、疾病史、性別史這些仍在發展的領域，我們也只有為數不多的學者摸索進行。這些現象說明，我們與西方史學的對話和交流仍非常不充分。

同時，沒有自身的學術立足點及在此基礎上的學術優勢，也談不上對話，所以中國史學不能盲目跟著西方跑。從實踐層面看，由於西方史學是個發展的變數，要跟著跑也很難跟。例如西方二三十年前流行的結構——功能理論和現代化理論等現在都受到當地年輕一代史家（特別是後現代主義者）的批判，仍在大量運用這些理論的中國史家當然不能對其批判視而不見，是放棄這些理論或進而跟著批判，還是繼續堅持運用，就是頗費斟酌的問題。

　　又如我們近代史學界漸多關注的「民間社會」（civil society）理論，本是歐洲學者詮釋歐洲社會的，一些美國學者開始用於解釋近代中國，在美國學界便已存在爭議，蓋其在多大程度上適用於歐洲以外同時代或不同時代的各類社會，實在還需論證（歐洲治近代中國者似甚少援用這一理論）。竊以為這一理論對認識近代中國確有啟發，或可以較寬泛地借鑑，然似不必亦步亦趨。若像有些中國學者那樣譯為「公民社會」或「市民社會」，尤易引起誤解。因為「公民」概念本是康有為那一代人希望「創造」的未來式社會，正是針對他所認知的中國之所「無」而提出的一種虛懸的追求目標；[39]若言「市民」，則梁啟超已明確指出，「西語所謂市民 Citizen 一名詞，吾中國亙古未嘗有也」。[40]故至少在與「表述」相關的字面上（這也至為重要而不可小視），既存史料和這一理論是有些衝突的。

　　再如前些年開始風靡歐美的「東方主義」觀念，在相當程度上就未必適合近代中國的情形。薩義德《東方主義》一書最重要的核心觀念即剖析建立在東西二元對立基礎上的人我之別（Other &/vs Self），而其立論的基本素材則取自曾為殖民地的阿拉伯或穆斯林「東方」，那裏的情形與基本保持領土主權的近代中國相當不同。「東方主義」是指西方帝國主義在文字表述中用他們的眼光加諸被侵略和被殖民地區之人民，但近代中國從梁啟超起的許多趨新學者卻正好相反，他們並不認為用西方人的眼光來看中國的歷史文化有何不妥，反而認為用西方眼光或學習西人的方法來研究中國文化、中國歷史、甚或多數（如果不是全部的話）中國問題都不僅是應該的，而且正是他們自覺

---

39 且留學日本那一代人中許多已轉而希望創造「國民」社會，到傅斯年、顧頡剛那一代人更希望創造「學術社會」了，參見王汎森《清末民初的社會觀與傅斯年》，《清華學報》（新竹），新25卷4期（1995年12月）。

40 梁啟超：《新民說‧論政治能力》，《飲冰室合集‧專集之四》，153頁。

其勝過昔人之處，並反覆強調之。[41]

　　近代中國當然也有將西方「他人化」的西方主義傾向存在，但中國士人主動投入西方「文化霸權」之下的「自我東方主義」傾向極為明顯，且更居主流、持續得更長久。特別是新文化運動之後，許多學者都毫不猶豫地標舉自己研究問題的「新眼光」，雖名之以帶普世性的「科學」，卻並不諱言是西來的。同樣，今日不少學者拾「東方主義」之餘唾，說什麼西方「妖魔化」中國；實際只要稍讀史料，便知最初「妖魔化」中國的或是西方傳教士和租界中人（租界意識在很大程度與西方基本價值衝突，雖是西方在中國實際存在的「代表」，或者說其在中國「表述」西方，卻又不完全等同於「西方」），但從19世紀末起這一角色早已由中國人自己承擔，其「妖魔化」的程度甚至超過西人。反倒是不少西人鼓吹要保存東方或中國的優美傳統，卻遭到中國士人的痛斥（如胡適之指責羅素）。

　　這樣一種中西社會角色的換位特別體現在留學生出國後對祖國態度的象徵性轉變（指表述出來的部分）之上。清季留學生出國一段時間後往往會對祖國的事物持一種較前更帶批判意味的態度，顧維鈞在清朝最後一年注意到，「每個中國學生在旅居國外大約一年後對中國的態度都或多或少發生了變化」，即「開始捐棄原有的傲慢與偏見，而看到中國的真實情景」；於是通常會對祖國提出批評，且達到「激烈指責任何中國事物」的程度。到新文化運動之後情形則相反，出國時間長的反多為祖國辯護。林語堂剛留學回國時曾提倡「科學的國學」，但經過一年「天天看日報」所造成的「思想變遷」，就轉而贊成建立「歐化的中國」，認其為「唯一的救國方法」。可知在此階段出國

---

41 參見羅志田《「東方主義」與「東方學」》，收入其《二十世紀的中國思想與學術掠影》，14-26頁。

留學時間的長短與看見中國傳統的長處成正比，而回國一看報紙又反之，環境移人以至如此，不正提示著「妖魔化」的出處何在嗎？[42]

　　從晚清開始，一方面中西二元對立觀念越來越得到強調，另一方面則因中國在此二元觀念中處於精神物質兩不利的地位，也存在一種試圖擺脫這一對立的長期努力，清季民初（尤其新文化運動之後）的中國士人即曾引入一種超越性的「世界」概念以突破中西二元對立觀念。他們當然也感受到來自西方的「東方主義」，但由於「世界」這一超人超國範疇的存在，他們可以（實際上也經常）站在常規意義上他人（the other）的立場來批判自我。[43]故至少在意識層面，今日說得熱鬧的「人我之別」對民初讀書人意義不大，因而這一理論對近代中國特別是新文化運動以後的中國思想和士人心態的詮釋力也相對有限。我們切勿只是跟著別人喊什麼「他者」、什麼「東方主義」的口號，恐怕還要回頭先看看時人心目中的「他人」和「自我」到底如何。

　　從治學的具體層面看，引進新方法其實不一定非落實在成體系的「理論」之上不可；很多時候，只要換個新的視角，就會拓寬我們的史學視野。新世紀的史學既是開放型的，就不可能不是跨學科的史學。學術的專科化是20世紀中西史學的一大特徵，針對這一趨勢的某些弊端出現了對跨學科史學的提倡。在此吸收與分化的長程中，史學幾乎無所不在，而似乎也快失掉其本身的學科認同了。今日要找到不涉及他學科也不分為子學科的「史學」，倘非不可能，也已甚難。到21世紀後期，不排除發展出一種幾乎無所不在而又什麼都不是的治史傾向並形成一種認同模糊而包容廣泛的「一般史學」之可能性；至少

---

42 說詳羅志田《留學生讀什麼書：20世紀20年代的一次討論》，《開放時代》2001年9月號。

43 參見羅志田《古今與中外的時空互動：新文化運動時期關於整理國故的思想論爭》，《近代史研究》2000年6期。

在新世紀前期，專科化與跨學科並進的趨勢還會繼續發展。

不過，對個體學者而言，跨學科研究的前提是研究者受過多學科的系統訓練，否則是很難跨過去的。若在史學的大範圍內儘量跨越子學科的藩籬，或更具實際可行性。過去各專門史之間畛域明晰，互不越雷池一步，實不足取；畢竟專門史的學術分類主要還是為了研究的方便，昔人以及今人都不曾也不會在做事時先想到這是我的「思想」、那是我的「社會行為」或「政治舉動」等等，則所謂思想史、社會史、政治史等分類實未必有充分的依據，更未必存在不可逾越的邊界。

倒不如解開束縛、打破藩籬、拓寬視野，眼光的轉變必然使許多以前視而不見的現象凸顯出歷史意義：例如注重近代中國社會、文化與政治的多元互動、整體的中國內部事務與國際風雲的相互影響，或從社會方面探索思想和政治演變的造因並反觀思想和政治變動對社會的影響，以及從直接文字著述之外的層面考察觀念轉變等，都可導致對整個近代中國深入一步的認識和理解。

歷史上的人與事本來就有「橫看成嶺側成峰」的特點，視角的轉換在許多方面可使人耳目一新，不僅可以觀察到一些以前所未注意的歷史面相，更重要的是很可能導致研究者對許多早已重視的面相產生新的理解，從而豐富人們對歷史的「立體性」或「全息性」認知。因題材和眼光的轉移，不僅史家「處理」史料的能力會增強，實際上會有大量本來常見但過去視而不見的史料「湧現」在史家眼前。對任何以實證為取向的史家來說，大量「新史料」的出現意味著什麼，自不必多言。

可以說，歷史研究首先應注重史實的考訂，在史實準確的基礎上尋求對時代人物事件的理解。在強調史料重要和史實考訂的同時，也應注意避免蒙思明所說的「研究愈繁密，其距離歷史研究的真對象愈

遙遠」的弊病，[44]這就需要研究者在注重人物事件成長發展之內在理路的前提下始終將其置於其前後左右的時空環境中進行考察。對中國近代史而言，這首先就意味著要將「近代史」置於清史統系（從學術、思想和社會風俗等層面看恐怕更應置於從晚明以來的歷史脈絡）之中。近年美國學者已在提倡「在中國發現歷史」，海外不少近代史研究者已將時代上限回溯到明中葉，這一取向值得我們注意。[45]如果再放寬視野，能將「中國近代史」置於世界近代史這一統系之中進行考察，特別注重影響中國的「近代西方」這一發展中的變數，相信會有更進一步的認識。[46]

四　見之於行事：淺議史學表述

傳統中國史學典范注重「言事」，除考證史實外，撰史的高下更多體現在表述層面對史事的去取裁斷之上。這一典範導致對既存「史論」的明顯輕視，蓋一般史論近於言「理」，對「事」多點到為止（但若考察往昔的時代觀念，尤其是時代觀念所因應的社會問題之異同，細讀史論可能甚有啟發）。現代中國史學中也有據理言事的一派，主要受西方社會科學論述方式影響，事為證理而出，也多為證理而存。循此先言理後言事之途治史，或能有獨創之見，然通常較難。

---

44 蒙思明：《考據在史學上的地位》，《責善半月刊》，2卷18期（1941年12月1日），香港：龍門書店1968年再版，2頁。

45 參見柯文《在中國發現歷史——中國中心觀在美國的興起》，林同奇譯。對清史統系的強調是四川省社會科學研究院的王炎教授提示的，謹此致謝。

46 章開沅先生最近明確提出中國近代史研究的出路即在於「走出中國近代史」（見章先生2001年10月3日在華中師大近代史研究所座談會上的發言），李文海先生也曾提出歷史研究「進一步海闊天空」的主張（見李先生2000年10月在四川大學的演講），立意雖不盡同，大致都指向更開放的方向。

這裏的一個關鍵在於治史者本身的功力如何，倘在具有言事能力並掌握了基本史事的基礎上進以言理，則所得往往較純粹言事者更多。

不過，這一取向至少不適合於一般初學者。司馬遷曾引孔子之說，「我欲載之空言，不如見之於行事之深切著明也」（《史記‧太史公自序》）。初學者恐怕還是先養成搜集資料並據以言事的習慣為宜，此後再視個人性之所近，看是否向兼言事理的方向發展。我想強調的是據資料以言事的表述方式，即先把事情本身說清楚，這應是史學最重要的基本功之一。現在許多為人師者好鼓勵學生發掘歷史意義（部分或因學術刊物多傾向於此），意非不美，然若事尚不清，又有多少意義可發掘呢？倘能養成據資料以言事的表述習慣，用力既久，未必無「一旦豁然貫通」之日，則「歷史意義」不求而自得，最為理想。即使不能達此境界，事不分大小，弄清一事便是一得，仍有實在的貢獻。

馬克思認為，「對一個著作家來說，把某個作者實際上提供的東西和只是他自認為提供的東西區分開來，是十分必要的」。從哲學體系看，「斯賓諾莎認為是自己體系的基石的東西和實際上構成這種基石的東西，兩者完全不同」。他舉資本理論（即現代社會結構的理論）的發展過程為例說：「從配第開始到休謨為止，這個理論只是根據作者生活的那個時代的需要，一部分一部分地——零零碎碎地——發展起來的。魁奈第一個把政治經濟學建立在它的真正的即資本主義的基礎上，而非常有趣的是，他在這樣做的時候看起來卻像是土地佔有者的一個租戶。」[47]

這一見解非常適用於史學，史家讀史料時貴在同時讀出「作者實

47 馬克思致柯瓦列夫斯基，1879年4月，《馬克思恩格斯全集》，第34卷，北京：人民出版社，1972年，343-344頁。

際上提供的東西」和「他自認為提供的東西」；前者略近於我們過去
所說的「言外之義／意」，後者即作者自己之所欲言。值得注意的是
前者常常與事物的表象不甚一致，特別需要史家據其識力進行分析。
不過，對理論家而言，更重要的或者是經研究者提煉並系統化的前
者；而對史家而言，首先要重建出「作者生活的那個時代的需要」，
其次要重建出根據這一時代需要「一部分一部分地 ── 零零碎碎
地 ── 發展」的進程；只有在比較趨近歷史真相的基礎上，才能真正
認識到作者之所欲言及其言外之義／意。

　　雖然馬克思解釋歷史的理論常常是抽象而條理清晰的，他卻相當
清楚實際的歷史事物是「一部分一部分地 ── 零零碎碎地 ── 發展」
起來的，這一點非常值得今日史學研究者深思。我們前些年的確存在
據理言事、以史料套理論的傾向（其影響仍然甚強，不過今人時常換
用不同的理論而已），但這樣的問題尚顯而易辨；更為隱晦而影響同
樣深入的是在研究歷史特別是表述研究結果時過分注重系統性和清晰
通暢，這看起來好像更具有歷史「規律性」，其實可能恰與歷史的進
程相違背。今日一般史家常常忘記自己的學科特點，而去做本屬理論
家或歷史哲學家分內的事情，結果恐怕是理論未必成立，而距歷史真
相也更遠。

　　從20世紀初年開始，梁啟超等人提倡的「新史學」就希望通過揭
示歷史上人與事的「因果關係」而把史學弄得更「科學」。本來歷史
研究是一個不斷發展的學術過程，始終有傳承與創新的兩面；但史家
又多帶點「蓋棺論定」的情結，希望自己的研究為某事某人「劃上一
個完整的句號」，彷彿只有這樣才具有「歷史感」（其實歷史上的人與
事都未必有徹底的終結，其後總有強弱不同的餘波，所以歷史研究中
「過程」的重要絕不輕於「結果」）。

　　這一趨向復因以論文或專著來表述研究成果的所謂「現代」史學

研究方式所強化，後者最容易使人試圖把人或事表述得「完整」，甚至通常還要「評價」。受此影響，我們的史學論著逐漸呈現出原因、過程、結果、意義（或評價）這樣一種「完整」的四步論式（「結構完整」是今日學術評審中最常出現的語彙之一）；在20世紀後期多數刊物對論文字數的限制到萬字以下時，又要照顧敘述的完整，便造成我們史學表述的一個顯著特徵，即空論日多而實證漸少。[48]

部分或即因此，史學界長期比較流行一種「倒放電影」的研究傾向，即以後見之明的優勢，根據已知的結局分析當事人何以不能注意到那些後來證明是關鍵性的發展，以及這樣的認知怎樣影響到他們對事件的因應。這樣「倒放電影」很容易導致以今情測古意，即有意無意中以後起的觀念和價值尺度去評說和判斷昔人，結果常常得出超越於時代的判斷和脫離當時當地的結論。[49]

史學最忌主觀，而近來學者又多已承認史學實不可能做到絕對「客觀」（那本是19世紀科學主義影響下的樂觀願望），但不能客觀未必就意味著主觀，還可以有一種順乎當時當地當下社會文化風俗思想的「他觀」。所以陳寅恪提出，「解釋古書，其謹嚴方法，在不改原有之字，仍用習見之義。故解釋之愈簡易者，亦愈近真諦。並須旁採史實人情，以為參證」。[50]

所謂「旁採史實人情」，正是前後左右治史的具體表述。特定的歷史事件不一定都有明確的因果，不少事件或人物很可能是偶然成為「歷史事件」或「歷史人物」的；但即使是偶發事件，其能達到引起時人及後之史家注意的程度，也必有其前後左右時勢的作用，受其周

---

48 參見本書《學術與社會視野下的二十世紀中國史學》。

49 說詳本書《民國史研究的倒放電影傾向》。

50 陳寅恪：《「薊丘之植，植於汶湟」之最簡易解釋》，《金明館叢稿二編》，上海：上海古籍出版社，1980年，262頁。

圍社會、思想、文化、政治、經濟等各種因素的影響。在史實考訂的基礎上兼顧人與事前後左右的時空語境甚至更寬廣的社會文化深層結構，應能獲得一個更接近原狀也更全面的動態歷史形象。

近年有學人感到過去說得較多的「中西」之分不能充分詮釋近代中國思想，而試圖代之以「現代性」一類概念。既存研究中慣用的中西之分觀念確實過於籠統，當時許多人眼中的「中國（東方）」與「西方」等概念的具體指謂也相當不同，但「中西」之分畢竟是當時人的用語，也的確是近代士人的實際關懷所在，至少他們關懷中國（東方）與西方的關係遠遠超過不論怎樣界定的「現代性」。同樣，當我們將「現代化」或類似的「歷史任務」加諸近代人物並據此觀察他們之時，可能已經疏離於當時「習見之義」所反映的「當年的問題」了。今人不能疏離於今世，故史家面臨的現實是不能不運用後起概念作為詮釋歷史的工具，但怎樣兼顧歷史當事人的時代關懷和當年的概念工具，仍是值得史家認真思考的問題。

從根本上言，歷史研究者的認識能力及其可據材料都是有限的，這種雙重的有限使我們對歷史的認知其實也相對有限。或許歷史現象本來就更多是雜而不純的，並不那樣黑白分明。已逝的史事既然未必充分可知，若我們重建出的史實若過於界限清晰，反可能適得其反，恰與歷史原狀相違背。即陳寅恪所說，「言論愈有條理統系，則去古人學說之真相愈遠」。[51]

前引王國維提出學者當不避「深湛幽渺之思」、不辭「迂遠繁瑣之譏」，便是主張為了「深知宇宙人生之真相」，或不妨在表述的流暢方面讓步。有時候，也許表述出的史事發展演變越不整齊清晰，越接近實際歷史演變那種多元紛呈的原初動態本相。這似乎增添了歷史的

---

51 陳寅恪：《馮友蘭〈中國哲學史〉上冊審查報告》，《金明館叢稿二編》，247頁。

模糊感，然而朦朧之中反蘊涵著可能更「準確」的「真相」，不正凸顯了歷史的魅力嗎！

（原刊《歷史研究》2002年1期）

研討的取向

新舊之間：近代中國的多個世界
及「失語」群體

　　近代中國各地社會變化速度及思想和心態發展的不同步，造成了
從價值觀念到生存競爭方式都差異日顯的兩個「世界」，這是我曾在
不止一篇文章中論證過的見解。[1]有位不願透露姓名的朋友看了拙文
後提出，近代中國到底是有兩個「世界」還是多個「世界」，還可以
進一步探索。[2]這的確是個極有眼光的睿見。我過去的研究和表述大
概太受近代人自身持有的新舊中西兩分觀念的影響，雖然我自己也一
向強調近代的新舊中西均是變數而非定量，但卻未能充分注意近代人
兩分觀念的模糊性。

　　從19世紀後期開始，新舊之爭成為近代中國一個持續的現象。但
新與舊的區分標準，以及不同時期的新舊社會分野，卻隨時而變。各
時各地新舊人物的社會分野與其思想觀念，並不完全成比例：社會分
類上的舊派中人有頗具新意識者，而新派中人也有不少舊觀念；兩派
以及各派之中不同人物的思想、心態與社會行為，均可見明顯的相互
參伍及錯位。可以說，當時一般人視為不兩立的新與舊，不論在社會
史意義上還是在思想史意義上（以及我們研究得還較粗淺的心態史意

1　參見羅志田《科舉制的廢除與四民社會的解體──一個內地鄉紳眼中的近代社會變
　　遷》，《清華學報》（新竹）新25卷4期（1995年12月）；《近代中國思想與社會發展的
　　時空不同步現象》，《光明日報》1999年5月28日。
2　這位朋友便是曾長期任職於《歷史研究》編輯部的徐思彥。

義上），或者是在其互動的意義上，都不是那麼截然兩分，毋寧說更多是你中有我、我中有你。[3]

清季越來越明顯的城鄉差別，進一步強化了近代中國既存的區域性差異；再加上思想時段和社會時段等的不同步，特定區域的具體個人，有時可能處於各不同時段的錯位之上。這樣，異地和不同領域範圍的新舊標準，其實是不同的；這一區域的「新」，到另一區域可能還「舊」。反之亦然。合區域、城鄉、思想、社會等範疇而共觀，新舊之間和中西之間，實可以有相當的距離。對許多人來說，亦新亦舊和亦中亦西，恐怕正是常態。

陳寅恪到20世紀，仍自詡其思想在曾國藩和張之洞之間，其所為乃「不新不舊之學」，[4]不僅是近代中國思想時段和社會時段不同步現象的一個典型例子，而且提示了新舊兩極之間的過渡地帶其實相當寬廣。在一般認知中的新舊陣營裏，通常也還有進一步的新舊之分；而且鬥爭得最厲害的，往往是觀念主張相對接近的群體。例如，各類「新新派」與「老新派」之爭，就常常甚於更廣義的新舊之爭；蓋其潛在的追隨者大致相近，故競爭也更激烈。由於研究者多習見史料中明顯的新舊之分，「不新不舊」的人與事，以及新舊各自陣營中表現不那麼極端或積極的群體，在我們的研究中多半處於一種「失語」（voiceless）的狀態之中。

近代中國社區公共衛生的先驅陳志潛醫師注意到，民國初年中國醫學界的社會區分，就不僅僅有中醫西醫之分（陳教授當年曾努力想

---

3 戊戌前後湖南的新舊之爭，以及新文化運動時期半新半舊的林紓一度成為新舊之爭的焦點人物，都特別體現了這一新舊觀念和社會角色混雜的時代特徵。說詳羅志田《思想觀念與社會角色的錯位：戊戌前後湖南新舊之爭再思》，《歷史研究》1998年5期；《林紓的認同危機與民國的新舊之爭》，《歷史研究》1995年5期。

4 參見羅志田《陳寅恪的「不古不今之學」》，《近代史研究》2008年6期。

證明這不是中西之分，而是新舊即傳統與現代之分），實際上存在著傳教士醫生培養的老西醫群體、歸國留學生及協和醫學院等培養的新西醫群體（他似乎沒有明確像華西協和大學這樣的教會大學畢業生算其中哪一類）和中醫群體的三角競爭（而中醫內部復有更上層的「儒醫」和民間郎中的社會區分）。

陳先生從1921年到1929年在北京協和醫學院讀書，在那段時間裏，他所「認識的世界，遠遠不同於在成都童年時期的那個世界」。也就是說，他從一個「閉鎖的傳統社會的知識領域中，轉到具有科學和科學思維的廣闊世界中」。那時在北京的「多數人開始認為，科學和科學的思想是能帶給社會很多好處的一種力量」；但「離首都很遠」的成都則不然，「即使在全國各地都已形成高潮的消息，真正傳到成都也已為時很晚」。[5]這裏從觀念到用語，都呈現出清晰的兩個「世界」的意味。

陳先生注意到，在19世紀中期，「『西方』或『現代』醫學已傳入廣州、上海和其他城市，可是這種發展對多數中國人極少或沒有任何意義」。在20世紀初的成都，「居民既不知道也不可能得到現代醫學的診療，有病痛時他們只有依賴中國的本土醫學」；後者是「一套多年流傳下來的信念和實踐，並深深紮根於以儒學為基礎的文化傳統中」。傳統醫學得到士大夫和各朝皇帝的首肯，而且「經歷過無數世代的考驗」。因此，儘管中醫已被證明有缺陷，「成都及其周圍的村民都相信」中醫，而「很少懷疑它的價值」。有意思的是陳先生認為，成都居民的觀念反映了當時「中國整個農村人口的態度」。[6]也就是說，在近代新舊與城鄉漸趨等同的劃分中，明明是省會城市的具體的

---

5 陳志潛：《中國農村的醫學——我的回憶》，中譯本，成都：四川人民出版社，1998年，27、23頁。

6 陳志潛：《中國農村的醫學——我的回憶》，12頁。

「成都市」，卻代表著抽象的全中國的「鄉村」，因為他們同在另一個兩分範疇「現代」與「傳統」的傳統一邊。

可是至少在醫學界，現代與傳統陣營又都還可以繼續兩分。傳統醫學中執業的醫生便有兩種：即合學者與醫生為一身的「儒醫」和居於下層的開業郎中。前者「只為中國城市中富有的名流服務」，後者中的大多數是草藥醫生，所「受教育較少，而主要靠自學」，他們「為城市中其他居民和農村人口服務」。兩者的差距越來越大，所謂開業郎中，多「是樸實的農民，不會讀書和寫字；他們所掌握的治病手藝是由自學或當學徒學到的，草藥和迷信實踐是他們所能使用的醫療救助的全部內容」。而城市的儒醫則可將其經驗與醫學典籍中的書本知識結合起來。結果雙方漸有「本質上的明顯差別」，儒醫的「治療在許多情況下似更為有效」。[7]

同樣，中國的西醫分為教會醫生和歸國留學生兩大社群。教會醫生們先已組織了自己的醫學協會，而歸國留學生因「發現自己被排斥在教會組織成員之外」而「醒悟」，於是「他們在1915年創建了自己的組織」中華醫學會，「並及時吸收了教會建立的協會中的人群」。雖然兩種現代醫生都「一樣蔑視傳統醫學，對傳統醫學作為一門學問或對傳統醫生私人開業表現出不尊重」；也有部分更具精英取向的西醫尚能容忍中醫，卻更不容忍庸劣的西醫。陳志潛等協和醫學院的學生於1926年組織了丙寅醫學社，發行《丙寅周刊》。該刊同意建立中醫中藥學的研究機構和學院，並主張對西醫也應實行類似對中醫的控制條例，因為中國「現代醫學」的開業醫生中，只有少數是訓練有素的「正規醫學院校的畢業生」，其餘還包括「傳教士醫生的徒弟」和「西醫中的庸醫」。「只要後兩部分人仍在社會中實踐，則他們將敗壞

7　陳志潛：《中國農村的醫學——我的回憶》，18-19頁。

現代醫學」。[8]

　　總體說，「那時候，兩派中國醫生——現代的和傳統的——之間的關係，並不比兩派現代醫生之間更富有創造力或更能相互理解」。但第一次世界大戰後，中西文化孰優孰劣的問題在中國知識界的爭議，導致「中醫和西醫之間的對峙升級」。不過，整個進程是以西醫主動進攻而中醫防守反擊為特徵。北伐後西醫試圖控制中醫的努力得到中央政府的支持，「衛生部與教育部頒發了一項聯合法規，中醫必須把他們照顧病人的設施稱為『門診部』而不是『醫院』，並稱他們的培訓機構為『培訓班』而不是『醫學院』」。這些舉措引起中醫界的強烈抗爭，他們得到陳果夫等人的有力支持，結果到1930年，中央政府成立了與衛生部級別相同的中醫局，並著手建立正規培訓中醫的學院，最終形成中西醫兩種體制在中國長期並存的狀況。[9]

　　值得注意的是，陳先生多次強調中醫的社會地位很高，他們得到中國大眾的充分信任，並具有「廣泛的政治基礎」；特別是儒醫，對傳統典籍的學習使他們能與士大夫「以共同理解的語言和學識為基礎」進行交流，其系統闡述的醫療原則也借助於古代的經典思想而正當化，致使「抨擊傳統醫學遲早會被認為是抨擊珍貴的祖國文化遺產」。從這一文化角度言，中醫和儒學確有些類似陳獨秀所說的「一家眷屬」。另一方面，陳先生也指出，在辛亥革命推翻舊的政治秩序時，傳統醫學卻「仍能確立下來，而且更加擴展和昌盛」。[10]這一現象說明，所謂儒醫的「政治基礎」其實也更多是文化的，它並未與政治制度共進退，而是在政治制度變更後以「文化遺產」的一個組成部分

8　陳志潛：《中國農村的醫學——我的回憶》，22、56-57頁。

9　陳志潛：《中國農村的醫學——我的回憶》，22、32-33、71-73頁。

10　陳志潛：《中國農村的醫學——我的回憶》，16、19、23頁。

繼續正當存在。[11]

　　早在戊戌前後，葉德輝已注意到，西醫攻擊中醫無解剖而臟腑肌理皆不明，故其醫理不足憑信，在那時已對中醫構成極大衝擊。如果「欲抵異氏之學，必設醫士之科；欲推救世之心，必明復古之義」。應給各中醫「任以醫師之職，寬其仕進之途，則師授弟傳，日新月異」，以期「或有偉人，以振絕學」。[12]這還是在科舉未停之時，中醫竟然已有漸成「絕學」之勢，可見清季西學的「話語權勢」相當強有力。但在民國西醫眼中，中醫的社會地位仍不低，與20世紀20年代試圖振興「國醫」那一班人的認知有相當大的差別。[13]今日西方意義的「醫療史」在大陸基本尚未開展，包括中西醫在內的整個醫生群體都是近代史研究的薄弱環節，他們在我們的學術言說中，基本仍可以算作失語的群體，而中醫的失語又更為嚴重。[14]

---

11 按本書的英文編輯邦奇女士經陳先生認可，增添了一些從西方研究中得出的近代中國政治、經濟、習俗和行為模式等方面的背景資料。這裏所討論的「政治基礎」等內容，有可能即是增添者，因為這樣的「政治」似更接近葛蘭西和傅科等人的新概念，而不太像20世紀20-30年代的中國觀念。

12 葉德輝：《郋園書劄 · 西醫論》，長沙：中國古書刊印社1935年《郋園全書》匯印本，頁46A-B。

13 作為面臨經濟和社會壓力的實際從業競爭者，西醫的看法自有其基礎；但若找中醫的回憶錄看，恐怕會有著截然相反的認知。為什麼中西醫雙方各自均認為自己是競爭中處於不利形勢的一方？為什麼那時大家都這樣信心不足？新文化運動以後大量讀書人不信中醫的例子又提示著什麼樣的心態和思想分野？對處於新舊競爭中的時人來說，似乎選擇站在某一「立場」且須保持堅定更為重要。這又是為什麼？是否立場稍不堅定就可能導致對方（哪怕是想像的）勝利？對這些問題的思考和解答，應能推進我們對民國思想與人物心態的認識。同時，在中西醫的競爭中，政治力量發揮了直接的作用，其影響的程度（及其有限性）也是值得認真思考的問題。這些都只能另文探討了。

14 可參閱趙洪鈞：《近代中西醫論爭史》，合肥：安徽科學技術出版社，1989年；魯萍：「晚清西醫來華及中西醫學體系的確立」，四川大學歷史系碩士論文，2003年；「爭議中的傳統：變動世界裏的中醫（1840-1937）」，北京大學歷史學系博士論文，2012年。

　　與醫生的「傳統」與「現代」區分的多歧現象類似，民國初年對女性服飾及當時已較敏感的女子纏足問題的態度也呈現出不止兩分的情形。這方面的城鄉差別非常明顯，此不贅論。[15]但即使在城市中，口岸地區與內地小城仍有差別，各中小縣城之間也頗不一樣。北伐時安徽霍邱縣設有女高小學一所，兩位女教員一來自江蘇，一為留學生。她們衣著帶江南風味，「短袖露肘，長衣及腰，半天足，著草鞋」。但該校的女學生「仍舊是纏足、理髻、長服，不為所化。相形之中，愈覺得這兩位教員奇異的模樣。因此社會一般人士，對時髦的她倆，就不免洪水猛獸的歧視。一般婦女，也有同樣的心理」。[16]

　　這裏服裝的新變化很值得注意，女學生仍穿象徵其身份地位的「長服」，而新派教師已穿長僅及腰的新式短服，再加上不能讀書的一般貧家女子所穿的傳統短衣，當時女性的新舊大致已有三類。1927年時，有人正把福建省建甌縣婦女的服飾分為三類，第一類是「縣城上、中兩級的青年婦女」，她們的服飾與前三、五年的省會時髦婦女一樣；第二類是「縣城年長的婦女和鄉村的婦女」，其服飾仍是二、三十年前的式樣，濃裝厚抹，「足是纏得不滿三寸長」；第三類是「山鄉的婦女」，服飾不講究，但「足仍纏得窄窄的，有尚嫌不窄，用木頭裝在足踵下，假裝小腳」。[17]

　　1933年一位「曾經熱烈的參加過」放足運動的人總結雲南男子對纏足的觀念也為三類：「一部分是新時代的知識分子，主張完全反對纏足；一部分是沒有成見的，大概以為纏也可不纏也可，只聽環境的

---

15 以下數段，說詳楊興梅：《觀念與社會：女子小腳的美醜與近代中國的兩個世界》，《近代史研究》2000年4期。

16 裴毅公：《皖北霍邱婦女生活的大概》，《婦女雜誌》，146號（1928年6月），1頁。

17 楊麗卿：《建甌婦女的生活狀況》，《婦女雜誌》，13卷8號（1927年8月），16頁。

轉移罷了;又一部分是同婦女一般的見識,也愛好小腳」。[18]同樣,在1933年,廣州有報紙報導「漢口市上有三種女人,四寸半高跟摩登女郎,三寸金蓮的鄉間小姐,還有截髮而裝腳的改組派。第一種是闊人的姨太太,第二種是紗廠的女工,第三種是中等人家的管家婆」。[19]這些地區對服飾纏足的態度皆有三類,且具體的類別又有所不同,說明審美觀和生活習俗的轉變仍在進行之中。在此進程之中,亦新亦舊者大致已成常態。

然而,過去對亦新亦舊的現象和群體,注意尚不夠充分。在趨新的近代中國,新史學一開始本已呈現出面向基層和大眾的傾向。20世紀初年的學人早就在提倡「民史」和「群史」,如果可以套用晚清「西學源出中國說」的老調,中國趨新史家注重下層似乎比近年西方興起的「下層史」(history from below)還要早很多。具有十足弔詭意味的是,在「民」或「群」的範圍內,新舊之分傾向的影響仍然嚴重,偏舊的群體通常便不在史家的關注之中。數量極大的纏足女性,恐怕就是最為史家視而不見的一個群體。

在近代中國這樣一個男權社會中,整個女性群體可以說始終處於一種失語的狀態之中(同時期的西方也是男權社會,故女性的失語大致是一種中外皆然的共相,不過程度有所不同而已)。但是,由於纏足在近代中國已漸被認為是象徵「落後」的惡習,在基本為趨新士人所控制的輿論及出版物中,纏足女子顯然是一個受到歧視的社群,因而她們在各類印刷出來的文獻中可以說處於一種更嚴重的「失語」狀態之中;即使是提倡婦女解放的專門女性刊物,其「話語權勢」也完全掌握在反纏足者一邊,幾乎沒有給纏足女子什麼發言權。

---

18 濟民:《關纏足的理由》,《民眾生活周刊》(雲南省立昆華民眾教育館),51期(1933年5月27日),56-57頁。

19 鉅公:《品腳》,《成都國民日報》,1933年4月20日,7版。

　　換言之，在追求「婦女解放」這一「社會進步」的過程中，民初以來許多趨新士人為之奮鬥的一項主要原則——（女性）個人的權利及選擇生活方式的自由，卻因為纏足行為被認定為「野蠻落後」而在相當程度上被「合理地」剝奪了（至少其發言權是被基本剝奪了）。遺憾的是，纏足女性的觀念在我們的史學言說中也同樣差不多仍是個空白，許多在意識層面想要關懷女性大眾的研究者卻未能突破既存史料「話語權勢」的無形「控制」，「新的崇拜」在史學界顯然仍有極大的影響。[20]

　　廢科舉後逐漸被排除出鄉村教育領域的塾師群體，其人數雖然遠比不上纏足女性，但以近代中國鄉村區域的廣闊，他們也是一個數量相當大的群體。這些人在教育體制改革後社會地位的演化和社會變動的去向，就甚少見深入的研究。尤其對鄉村中其實存在一些並不認同民國這一新政體的士紳，幾乎無人注意。山西太原縣前清舉人劉大鵬在辛亥革命後便一直以「清代遺民」自居，不承認「民國」的合法性，直到濟南事件和九一八事變之後，才逐步放棄「大清」和「民國」的區分，而基本以「中國人」為其身份認同，到抗日戰爭爆發後則完全認同於前所不承認的「民國」。[21]這樣的士紳當然不止劉大鵬一位，但既存的近代中國社會史研究似乎是將他們排除在關注範圍之外的。

　　對於一些不再積極反擊新派而規模又不太大的舊派「世界」，我們過去的注意也相當不夠。民初多半生活在上海的所謂「遺老」，其實就自成一「世界」。他們當然也不滿意時代的發展，但除少數認真

---

20 關於「新的崇拜」，參見羅志田《新的崇拜：西潮衝擊下近代中國思想權勢的轉移》，《中華文史論叢》第60-61輯（1999年12月、2000年3月）。

21 參見劉大鵬：《退想齋日記》，太原，山西人民出版社，1990年，431、433-34、436、438-442、444、449、452、456、471、473、522頁。

捲入清朝「復辟」活動者外，多數人實際已基本不問政治，而過著一種帶有「大隱在朝市」意味的世內桃園生活。這些人的文酒過從之中當然有大量的牢騷不平之語，但其所響往的目標、競爭的成敗、以及關懷的事物，其實與這一「世界」外的人頗不相同。比如詩文（當然是以同光體為主）的好壞，對他們來說其重要性可能就不亞於民國政治中的派系之爭或思想界的文體之爭。很可能由於這一「世界」的人越來越少「預流」於其所處時代的主流思想言說，特別是日漸淡出當時的新舊之爭，我們過去的史學論述，即使在論及舊派時，對此社群也幾乎是略而不提的。

　　稍有些類似而其實很不相同的另一小「世界」，是四川（基本居住在成都）的「五老七賢」及其追隨者，這些人幾乎都有前清功名，在辛亥革命後雖不十分認同新的地方政權（然不取對立態度），卻也不再像傳統社會那樣返回故鄉定居，而往往留在都市「安排詩酒度餘生」（他們的子女又多較趨新，有些在很早時已就讀於同文館和譯學館，這在相當程度上也反映其社會態度）。與上海的遺老社群不一樣的是，「五老七賢」在四川有相當高的社會地位，同時還具備一定的政治影響力（這在民初中國不是僅見也極為少見）。以軍閥爭戰頻繁著稱的民國四川，遇有軍閥力量相持不下或勝負已判之時，常常都要由「五老七賢」出面領銜通電呼籲甚至安排和平解決的局面。其餘大的政治或社會事件，也多能聽見他們的聲音。但對其個人以及其數量不大的追隨者而言，詩文的好壞似乎仍是他們非常重要的關懷。

　　對這類規模不大的「世界」，過去學界基本是忽視的。四川的「五老七賢」到底是哪幾位現在似已無定論了（其實應該是可以通過研究而確定的）。我可以大膽地說，在沒有認真研究「五老七賢」的生活及其社會政治影響之前，我們對民國前期二十餘年四川的社會、

思想與政治的認識，都是相當不充分的。[22]同樣，上海「遺老」的生活和心態，又何嘗不是民國萬花筒中不可或缺的一點，雖然其光澤也許暗淡一些（恐怕還不一定），但沒有暗淡又何以見得出亮者的光輝呢？

　　包括我自己在內的近代史研究者過去的確較多注意時代的「亮點」以及新舊（或「進步」與「落後」）的兩極，畢竟中國近代史的研究是在20世紀才起步，草創時期先抓住主流也是正常的情形。現在21世紀即將來臨，在這一學科已漸趨成熟之時，研究者自身就應提出更高的要求了。既存研究中的失語群體多偏於舊（或不夠新），似乎也提示著他們更多體現了近代中國不變（或傳統延續）的一面。對這些群體更深入的瞭解，必能強化我們對近代中國的整體認識。記得法國有位華裔學者曾說傳統中國畫的關鍵在「不畫」的部分，這見解或者有點太高遠，但彌補我們近代史畫面上失語的部分，或者不失為今日以及明日史家的努力方向。

　　其實，新舊之分畢竟是當時人自己的認知，說近代中國存在「多個世界」，並不一定意味著在觀念上根本推翻「兩個世界」的說法；但多個世界的提法似更細緻而少遺漏，更能表現近代中國的多歧性。我想強調指出的是，不論是兩分還是多歧，各個「世界」之間都並非截然分開，而是在許多方面彼此互滲和相互重合覆蓋。這似乎增添了歷史的模糊感，然而歷史本身或許並不那樣黑白分明、界限清晰。說不定，歷史的魅力正蘊涵在其朦朧之中呢。

（原刊《四川大學學報》1999年6期）

---

22 許麗梅的「民國時期四川『五老七賢』述略」（四川大學歷史系碩士論文，2003年）
　　已對此進行了一些初步的探討。

民國史研究的「倒放電影」傾向

　　中外過去對近代中國史的研究，有意無意中多受19世紀末以來趨新大勢的影響，通常只給新派一邊以發言權，而很少予舊派以申述的機會，使舊派基本處於程度不同的「失語」（voiceless）狀態。在政治史領域，無形中似更受到近代西方「優勝劣敗」這一進化史觀的影響（或許也有中國傳統的「勝者王侯敗者賊」觀念的潛在影響），比較注意研究和論證歷史發展中取得勝利的一方（或是接近取勝一方）的人與事，而對失敗的一方，則或視而不見，或簡單一筆帶過。有人曾說：「歷史是由勝利者書寫的」；綜觀中外許多既存研究所再現的史實，有時真讓人產生「歷史是由勝利者創造的」的印象。

　　在史學研究的對象和題目的選擇上，這一傾向直接導致不夠「新」或「進步」的人與事常常沒有什麼人研究，同一人物也是其「進步」的一面或其一生中「進步」的一段更能引起研究者的注視。[1]儘管表述的方式有不同，「先進必然戰勝落後」是近代以來不斷重複的一個重要觀念。今日西方後現代史家已提出「進步」本身就是個有傾向性的「現代」概念，因而不一定客觀（有趣的是後現代史家基本不認為史學可以「客觀」）。這個問題不是簡單說得清楚的，本文也暫不置論史學研究是否應注重表彰進步力量。但有一點是肯定的：不進步的對立面的形象模糊及不值一顧，實際上已直接影響到進步力量的清晰和魅力。

1　參見本書《見之於行事：中國近代史研究的可能走向》。

　　以民國史研究為例，我們的民國史研究近年發展較快，論著日多，若以進步速度論，在近代史研究中應可名列前茅；但與近代其他時期的研究相比，深入程度仍嫌不足。對民國時期的人與事（特別是人），我們的認識似尚停留在相對淺表的層面；除一些類似「五四」、「五卅」、北伐、抗戰、國共之爭等大事件有數量較多的集中研究外，其餘內容恐怕連普遍的覆蓋都還不能說已經完成。而對那段時間社會的動與靜、各社群的升降轉換、人們的生活苦樂、不同人物的心態、思潮的興替（特別是相對邊緣者）、以及學術界的主流與支流等面相，我們的瞭解恐怕都還相當不足。概言之，整個民國史研究或者可以說是骨幹已粗具而血肉尚模糊，而全面的社會與集體心態重構尤嫌不足，一個比較全面的動態民國歷史圖像還有待於重建（即使對上述已集中研究的事件，也存在有選擇地注重和忽視不同因素的問題）。

　　民國史中，北洋軍閥統治時期又是一個相對更為薄弱的時段。此不獨中國如此，西方亦然。在費正清和費維愷主編的《劍橋中華民國史》兩卷共26章中，北洋軍閥統治時期占兩章；[2] 在法國學者 Jean Chesneaux, Francoise Le Barbier 和 Marie-Claire Bergère 撰寫的民國史中，北洋時期為全書12章中的一章；[3] 在以研究軍閥時代著稱的美國學者謝里登（James E. Sheridan）寫的另一本民國史中，北洋時期為全書八章中的一章，比例稍高。[4] 近年中外對北洋時期的研究稍增，但總量仍不算多。很顯然，敗落的北洋軍閥已成為歷史寫作上的「過渡」章節。

2　中譯本，北京，中國社會科學出版社，1994年。這是中譯本的命名，實即《劍橋中國史》的第12、13兩卷。

3　*China from the 1911 Revolution to Liberation*, tr. by Paul Auster, Lydia Davis and Anne Destenay, New York: Pantheon Books, 1977.

4　*China in Disintegration: The Republican Era in Chinese History, 1912-1949*, New York: The Free Press, 1975.

其實，北洋軍閥統治的十餘年間中國不論社會經濟還是政治軍事以及思想學術，都有相當大的轉變，實不能存而不論。即使僅僅想要瞭解國民黨何以能戰勝北洋軍閥，也必須對失敗的一方做深入的考察，給對立面以發言權，然後可得到接近原狀的認知。只有對國民黨（在一定時期內包括與之聯合的共產黨）和北洋雙方的心態、觀念、行為及其互動有比較深入而接近原狀的認識，我們才能對以北伐為表徵的國民革命這一近代中國極為重要的政治事件有更為清晰的瞭解。

從既存研究北伐時期的多數論著看，過去似傾向於從後來國共兩黨成為中國主要的政治力量的角度來反觀歷史，彷彿20世紀20年代一直就是國民黨和共產黨兩大力量在進行鬥爭。其實，在國民黨象徵性地統一全國之前，對身處20世紀20年代的大多數中國人來說，北伐前後政治軍事方面主要的區分恐怕是南北即北洋政府與國民政府的對立，當時中外輿論關注的重點顯然是南北之爭。而國民黨內部的派系之爭，特別是國共之間的鬥爭，並不為許多人所瞭解，也未引起時人的充分注意。國民革命運動的內部爭鬥，只是在1927年武漢與南昌的對立出現後才漸為人所知。當時報刊上最著名的「赤黨」，實際上是活躍在檯面上的左派國民黨成員徐謙與鄧演達，對真正的中共反而瞭解不多也注意不足。

這樣看來，既存的研究傾向，頗有點「倒放電影」的味道。布洛赫（Marc Bloch）在討論「由今知古」的取向時，便說及倒放電影。[5]在他那裏，這是一種配合「由古知今」的正面取向。在中國，梁啟超

---

5 參見Marc Bloch, *The Historian's Craft*, trans. byPeter Putnam, New York: Vintage Books, 1953, p. 46. 不過這是英譯本的文字，譯自法文的中譯本表述為史家為了重構已消逝的景象，「在歷史學家審閱的所有畫面中，只有最後一幅才是清晰可辨的。為了重構已消逝的景象，他就應該從已知的景象著手，由今及古地伸出掘土機的鏈子。就必須從已知的景象入手，由今及古地伸出掘土機的鏈子」。參見《歷史學家的技藝》，張和聲、程郁譯，38頁。

很早就將歷史作品與電影對比，主張「真史當如電影片，其本質為無數單片」，經過史家的駕馭和組織，使橫的方面為「整個的不至變為碎件，縱的方面為「成套的不至變為斷幅」。[6]但他也提醒說，「看電影不單看最後一幕，要看從前的活動」。[7]

或可以說，「倒放電影」手法的優點是：由於結局已經知道，研究者較容易發現一些當時當事人未能注意到的事物的重要性。以後見之明的優勢，仔細分析當時當事人何以不能注意到那些後來證明是關鍵性的發展（即何以不能認識到特定事件的歷史意義），以及這樣的認知怎樣影響到他們對事件的因應，應能有較大的啟發。但這一手法也可能有副作用，即容易以今情測古意。特別是有意無意中容易以後起的觀念和價值尺度去評說和判斷昔人，結果是常常得出超越於時代的判斷。這樣以後起的觀念去詮釋昔人，有時便會出現朱熹指責的「先立說，拿古人意來湊」的現象，主動去「捉」出一些脫離時代的研究結論。

黎澍先生曾總結出我們中國近代史研究的四個缺點，其中之一就是追隨「國民黨觀點」，即不從歷史實際出發，不充分研究材料，而以領袖、黨派劃線，跟著國民黨人云亦云。[8]這一傾向其實在西方也存在，尤其在民國史研究中特別明顯。自從國民黨開府廣州特別是宋子文掌管財政後，實行了西式稅收新政策，使政府財源陡增，有力地支持了廣州政府的東征北伐。過去許多中外研究者都將國民黨的新政策視為中國財政的「現代化」而予以肯定，但當時輿論對此曾有非常

6　梁啟超：《中國歷史研究法》，《飲冰室合集・專集之七十三》，34-35頁。

7　梁啟超：《社會學在中國方面的幾個重要問題研究舉例（在燕大社會學會演講）》（1927年，周傳儒筆記），《〈飲冰室合集〉集外文》，夏曉虹編，北京：北京大學出版社，2005年，1062頁。

8　轉引自耿雲志：《回憶黎澍同志》，收入黎澍紀念文集編輯組編《黎澍十年祭》，北京：中國社會科學出版社，1998年，294頁。

強烈的反彈（意味著民間對此「現代化」舉措甚為不滿）。無論後來怎樣評價這一政策，當時這些反對輿論長期為中外研究者所忽視，很能說明中外的民國史研究無形中都不同程度地受到（比北洋更進步的）國民黨觀念的影響。

章太炎就是當時指責國民黨擅加苛稅，其暴斂害民甚於北洋政府中的一個。[9]而現存對北伐前後政治的研究，除極少數外，均甚少提及像章太炎、梁啟超這樣一些並未退出歷史舞臺且頗活躍的思想大家的政治活動與政治言論。其實，對身處戰亂與革命時代的各種類型的讀書人（包括傳統的士和現代知識分子）的心態及其怎樣因應時勢的考察，必有助於增進我們對那一時代的整體理解。但在一般對章太炎的認知中，公開站在北洋軍閥一邊這一事實並非他這位革命家一生中值得大書特書的階段或面相。

這就凸顯出「倒放電影」手法另一明顯的不佳之處，即無意中會「剪輯」掉一些看上去與結局關係不大的「枝節」。其結果，我們重建出的歷史多呈不斷進步的線性發展，而不是也許更接近實際歷史演變那種多元紛呈的動態情景。史家在重建往昔之時固然都要選擇題材和排比史料，以避免枝蔓；但在那些與主題關係不大的史實皆被剔除後，重建出的史實固然清晰，是否也有可能會偏離歷史發展的原初動態真相呢？

有時候，也許史實的發展演變越不整齊清晰，越接近原初的動態本相。有些看上去與所處時段的歷史發展結局不一定有非常直接關係的「枝節」性側面，其實仍能折射出「整體」的相當時代意謂。民國史上類似北洋軍閥統治時期這樣的重要時段，尤其不容忽視。若能更

9　章太炎致孫傳芳電，1926年9月4日，《晨報》，1926年9月10日，3版；章太炎致李根源書，1927年11月27日，湯志鈞編：《章太炎年譜長編》，下冊，890頁。

多地關注過去研究中的「失語」面相並給予其「發言權」，我們的民
國史圖像一定會更具「全息性」，很可能民國史上「進步」的面相也
因此比原來所認知的更加生動豐滿。

（原刊《社會科學研究》1999年4期）

知常以觀變：從基本處反思民國史研究[*]

　　兩三年前，在一篇命題作文中，我曾指出一個現象，在「改革開放」的三十年中，中國近現代史的發展突飛猛進，研究者的數量明顯增加，研究論著的增加幅度更大，不論是增長比例和論著數量，似乎都已超過了此前最著的中國古代史。[1]而在近現代史中，增長比例最顯著的，無疑是民國史。不僅論著數量增長，並已漸成體系；經幾代學人數十年努力的《中華民國史》[2]，就是一個表徵。

　　因朋友和師長的提攜，我也曾參加過《中華民國史》的寫作，卻不敢自稱是一個「民國史研究者」——不僅個人研究的時段常涉民國建立之前，更主要的是，即使在考察分析時間相同的人與事時，也很少將所討論的問題（issues）定位在「民國史」之上，亦即不常以「民國史」為研究時的思考範圍。所以，「民國史」是一個我還需要學習的領域。另一方面，因為自己也曾參與，不妨略作「自我批評」。以下所說，或是外行看熱鬧的門外話（不是客氣），或是「過來

---

* 本文曾在中國社科院近代史所舉辦的「中華民國史研究的回顧與未來走向」論壇（北京，2012年11月3-4日）上陳述，文章初稿曾經北京大學歷史學系部分同學糾謬，薛剛、王果、王波、周月峰和復旦大學歷史系博士後流動站的梁心博士的意見，對本文的修改有直接幫助。謹此致謝！

1　參見羅志田：《轉變與延續：六十年來的中國史學》，此文已收入拙書《經典淡出之後：20世紀中國史學的轉變與延續》，北京：三聯書店，2013年，52-104頁。

2　李新總主編：《中華民國史》（12卷本），北京：中華書局，2011年。

人」的反思；且因研究不足，只能點到為止。敬請方家指正。

一　充分認識五千年之大變

　　依我的陋見，民國史研究最需要注意的，是從更長的時段觀察思考，以確立民國的建立究竟在哪些基本的面相上帶來了變化，這些變化又怎樣影響了中國的政治、社會、經濟甚或文化。很多眾皆認可之事，不一定就理所當然。或不宜把民國的建立視為天經地義，即把民國從體制到民生的所有史事都當成理所當然的常態現象，進行眾皆認可式的思考和處理。

　　對中國而言，民國（Republic of China）實施的共和體制，是一個全新的外來制度，而且是一個其西方創制者仍在完善發展中的政治制度；它所取代的，是至少推行了兩千多年的帝制。用杜亞泉的話說，辛亥年開始的鼎革，是一個從帝制到共和的「五千年以來之大變」。[3]我的感覺，對這一大變的性質及其帶來的各類轉變，甚或大變本身，研究者的重視似尚不足，仍有提升的空間。[4]

　　從民國建立時開始，「共和」似乎就是一個先天正確無需論證的體制。僅少數人出來質疑這一體制是否適合於中國，或至少是否適合於當時的中國（其中較有名的是康有為）。餘人多站在「共和」一邊的立場上思考和論證當時的政治和文化，並建議或推行具體的政策。[5]

3　杜亞泉：《通論》，收入杜亞泉等：《辛亥前十年中國政治通覽》（原名《十年以來中國政治通覽》，是1913年1月《東方雜誌》9卷7號所附「刊行十年紀念增刊」），周月峰整理，北京：中華書局，2012年，1頁。

4　因近年一直忙於「按時」完成作業，新書的閱讀量有限，不排除這是一個錯覺。

5　另一方面，最下面的基層生活，在較長時間裏尚大致維持共和前的常態（假如國民黨的「新生活運動」認真貫徹普及，就連這一層面也很難維繫）。我要特別指出，這裏只是描繪現象，不涉褒貶。共和前的生活常態是否更好，甚或是否應當維持，都是另一方面的問題。

後來的研究者，也大多秉持同樣的態度思考和處理其所研究的問題（雖未必是有意的），使問題的答案具有不證自明的前定性質，而很多「研究」也就在有意無意之間成了為預定的答案尋求解釋的努力。

至少在自然科學領域裏，為預定的理論設想尋求解釋並加以證明，是很常見並且得到高度認可的努力，正是名副其實的「研究」，且為多數學者所從事。個人雖更願意選擇那些因研究的結果而體現其意義的題目，卻也無意因此「貶低」此前的民國史研究。不過，如果因為這樣的傾向而把變態視為常態，把新生事物看成既存現象，就有可能影響我們對當年史事的認知；也可能因此把一些尚存的故態看作可有可無的細節，置之不理；若進而因「政治不正確」（politically incorrect）而把一些史事擯除在研究範圍之外，則我們看到的「民國史」圖像，就可能是一種帶有選擇性的圖像——不一定不準確，卻可以肯定是片面的。

同時，正因那是一個「五千年以來之大變」，讀書人的心態和思維，也迥異於承平時代。通常一時代一社會之典範未變，則可能維持所謂「道一同風」的狀態，學者往往如布林迪厄（Pierre Bourdieu）所說，有意識地選擇對局部問題做出盡可能完整答覆的思考和努力方式。[6]由於長期延續的既存意識形態已失範，又面臨鋪天蓋地而來的西方新思潮，中國讀書人思考的根本性、開放性與顛覆性都是前後少有的。他們中一些人開始非常認真地思考人與自然、人類社會、政治體制和人與人關係等很多基本問題，產生了不少建設性或破壞性的創新見解和設想。同樣由於我們的選擇性預設，這類創見也較少引起研究者的關注，或因其顯得「非常」而不屑一顧，或徑視為荒誕而予以排斥。其結果是相似的，即強化了「民國史」圖像的選擇性。

6　參見布林迪厄、夏蒂埃：《社會學家與歷史學家——布林迪厄與夏蒂埃對話錄》，馬勝利譯，北京：北京大學出版社，2011年，28頁。

其實，按梁啟超對歷史「革命性」的描述，即「革命前、革命中、革命後之史蹟，皆最難律以常軌。結果與預定的計劃相反者，往往而有」。[7]包括民國在內的中國近代，就是這樣一個特殊的時代，產生了很多此前此外很少見到的現象，帶有明顯的「革命性」；許多洋溢著激情活力的面相，往往很難以常理度之。或可以說，民國史研究必須更加重視的，就是近代中國具有不少與所謂傳統中國和人類其他社會很不一樣的特性。

一個與常理相悖的典型例子，即「革命」那超乎尋常的特異表現：在精神物質兩層面皆已確立菁英地位的既得利益階層——通常最樂於維持現狀而最不傾向變革的群體——之中，仍有不少人長期嚮往和憧憬著一個可以帶來根本變化的革命，並不斷宣導和鼓勵著各式各樣的革命。從蔡元培、胡適、張東蓀、梁漱溟到太虛法師等，無不如此。[8]而「家庭」這一多數人類社會歷來最看重的「溫暖港灣」，在近代中國卻忽然失去了其在過去和外國都曾具有的廣泛社會功能，特別是對其成員的護祐；並承載著大量新增的宏闊政治負擔，被視為其成員救國興邦的桎梏，變為一個阻礙國家民族發展的負面象徵，成了革命的對象。[9]

頗具弔詭意味的是，中外基本將上述事例視為正常現象。[10]造成

7　梁啟超：《中國歷史研究法》，《飲冰室合集・專集之七十三》，117頁。

8　說詳羅志田：《士變：二十世紀上半葉中國讀書人的革命情懷》，《新史學》18卷4期（2007年12月）。

9　北京大學歷史學系趙妍傑的博士論文即研究近代中國的家庭革命，雖尚未完成，已可見重大突破。

10　以家庭為例，巴金所著的《家》，就長期作為美國很多大學「中國近代史」課程的指定參考書。則其學生所認知的「近代中國」，便是一個亟須突破「家庭」桎梏的國度。一些嚴謹的學者或會認為：巴金等人表述的是對所謂「大家族」的不滿，而對今人所謂「核心家庭」，似並無太多意見。昔年確也有新人物曾憧憬或寄希望於「小家庭」，但一般人似並無這樣細膩的區分。實際上，「五口之家」乃是很早就出

這一結果的因素甚多，其中一個因素，或是相當一些研究者有意無意間多以後來占上風的所謂「民族國家」（nation-state）眼光看中國，而民初的中國雖已告別帝制，卻又尚非一個典型的「民族國家」。杜威在1920年就指出，「中國正在急劇變化」，既不能「用舊時帝制的中國那一套來思索中國」，也不宜「用西方概念的鴿籠子把中國的事實分格塞進去來解釋中國」。[11]後一取向不少學人迄今仍在延續（未必是有意的），前者卻早就淡出了多數研究者的視野。[12]

眼光轉變之後，有時常態也會被視為變態。例如，中國長期是一個農業國，真正形成規模的工業化和城市化，不過是最近的事。至少抗戰前的農業和農村，並未出現較大的結構轉變，大體維持著一個與前相似的常規狀態。[13]但在20世紀20-30年代，中國的農業被認為出現了嚴重的問題，農村被認為處於「崩潰」邊緣。而在此後的抗日戰爭中，工商業集中的城市大部分被侵佔，正是農村支撐了中國的八年抗戰，提示出「崩潰」的虛擬性。可知時人談論的，更多是以城市眼光為基礎構建出來的鄉村問題。[14]幾千年不變的常態，忽然被視為一個嚴重的「問題」；不是鄉村成了變態，更多是既存的常理被流行的新

現的言說，而那些考察析產、分家的社會史研究也提示出，當年社會中的多數家庭，並不十分「大」。

11 轉引自馮友蘭：《為什麼中國沒有科學——對中國哲學的歷史及其後果的一種解釋》（1921年），《三松堂全集》，第11卷，31頁。

12 大體上，研究者容易受研究對象的影響。當年的時代風氣趨新，好以外國眼光反觀中國；讀書菁英雖試圖走向民眾，然多存指導心態。這些都影響到後之研究者，因此而較少認真看待偏於「守舊」的言論，並不重視真正老百姓的看法。

13 在認知層面，自近代出現城鄉對立後，「鄉村」逐漸變成了「農村」，「空間」逐漸「行業」化，甚或被取代，則是一個不小的變化。

14 參見梁心，「都市眼中的鄉村：農業中國的農村怎樣成了國家問題，1908-1937」，北京大學歷史學系博士論文，2012年。

理取代了。[15]

　　知常有助於觀變，若明確上述現象之常態與變態，則其產生便非常值得探究。有些間接的促成因素，可能較為曲折隱晦，卻相當深邃。例如，在我們的史學言說之中，辛亥革命前民族主義與反滿的密切關聯，是一個因後人諱言而未曾予以足夠關注和思考的重要因素。進入民國後，中國思想和政治的很多變化，其實都與此相關。過去比較看重民族主義在政治方面的表現及影響，實則民族主義的層次和面相都遠更豐富，不僅其在政治領域的影響（包括對外抗爭和對內整合、動員的面相）仍需進一步探索，就是在文化、社會甚至生活領域，也都可見其直接和間接的影響。

二　民族主義與民族國家

　　當年「驅除韃虜」的口號雖充滿了建構的意味，這一「再造」卻得到朝廷的鼎力幫助──1911年「親貴內閣」的出現，本身或也受到外來的民族主義觀念影響，實大大增強了這一民族主義口號的動員力量。不過，即使沒有朝廷的幫忙，「韃虜」本身也為一個充滿了失敗和屈辱的時代提供了非常合適的替罪羊，它卸載了很多原本加在「中國」（從文化到體制）之上的責任，也提示了畢其功於一役的現實可能。

---

15 從清中葉起，中國人口和農業產量的矛盾就有人在討論，現在仍是常被提及的話題，故農村當然有其實際的問題存在。但以20世紀中國人口增長的現象看，問題的嚴重程度，似仍被誇大了許多。從那時到今天，農業、農村甚至農民，都經常被視為國家的「問題」。實際上，問題更多來自很多人津津樂道的「現代化」，而非所謂「三農」。與所有走向工業化和城市化的社會相類，中國的農村、農業和農民都為所謂的現代化付出了比其它行業、居住場所和社會群體更大的代價。因此，當「現代化」更多還是一個願望時，鄉村和農業都不會有太大的「問題」，遑論崩潰。

　　然而，當辛亥革命之「一役」所造成的改變不像時人期待的那樣明顯時，很多人會進而追問到「韃虜」背後那更長遠的體制——回歸（民初的稱帝和復辟皆是某種回歸）是追問的一種結果（復辟雖直接回歸「韃虜」本身，仍受追問氛圍的影響），進而質詢體制背後的文化是追問的另一種結果。由此視角看，復辟、稱帝和新文化運動，在某種程度上都是「嘗試共和」的伴生物。

　　進而言之，清末的革命是以反滿為號召的，但鼎革之後，不再是革命目標的滿族立刻得到了「赦免」，倒是原非革命目標且為華夏正宗的經典，亦即中國傳統的基石，被正式逐出了教育體系。[16]隨著清政權的不復存在，「韃虜」對內外責任的卸載功能也就終止了，「中國」的文化和體制現在不得不承擔全面的責任。其結果，反清停止了，反傳統則變本加厲。幾乎一夜之間，革命的對象發生了徹底的轉變，政治革命也就轉向了文化革命。

　　特別值得今人反思的是，這一切過去也都被視為正常現象！彷彿可以不證自明，其實非常需要梳理。反對讀經的言論固然肇始於清季，而孔教、孔道與帝制互相支持的論述，也已萌芽於革命前，但文化本非革命的目標。正如戴季陶反覆指出的，當時的革命者雖也兼顧政治革命和社會革命，實則「三民主義旗下的人，大都是一民主義」，而且是「不完全的一民主義」，即以「排滿復仇主義」為革命的唯一準繩。故「革命之成功也，不曰『革命成功』，而曰『光復』」。[17]或許廢止讀經的蔡元培就是超出「一民主義」的少數人之一，他可能

---

16 民國元年五月，教育部頒佈了《普通教育暫行辦法》，特別提出了師範和中小學「一律廢止讀經」。該《辦法》見張靜廬：《中國近代出版史料初編》，上海：群聯出版社，1953年，242頁。

17 戴季陶：《國民革命與中國國民黨》（1925年），黃埔中央軍事政治學校政治部宣傳科，1927年，11-18頁；戴季陶：《共和政治與政黨內閣》（1912年6月），《戴季陶集》，唐文權、桑兵編，武漢：華中師範大學出版社，1990年，432-433頁。

不假思索就「自然」促成了革命對象的急遽轉變。然而這一根本轉折並非理所當然，需要有說服力的解釋。[18]

或即因為異族政權已被推翻，辛亥鼎革後的一大變化，是此前甚囂塵上的民族主義，僅對外抗爭的一面仍在發酵，對內則一度失去了某種工作性的目標，不得不暫時淡出。而「民族」的淡出，使相關的「國家」變得有些虛懸而漂浮，導致個人的興起、家庭的重新定位、一些地區「宗法」的復甦、以及（與民族和國家對應的）社會的興起。

這些範疇與「國家」的關聯和異同，是一個脈絡其實明晰（內在理路一脈相承）卻迄今很少得到梳理的重要面相。但其表現形式，卻又與一些時人特別關注的議題（如國體與政體、以外患為表徵的國際競爭等）有著不小的錯位（當年朱熹等在面臨亡國危險的同時，卻特別側重「禮下庶人」的努力，實有異曲同工的意味）。

自從近代西方的民族國家觀念傳入中國，各類「造國家」和「建國」的表述就層出不窮。在一些學者眼中，帝制向共和（亦即民國）的轉換，也可以被視為民族和國家的建構（nation/state-building）。若接受這樣的看法，進一步的問題是：民初這些「非國家」的思潮和傾向，究竟是舊「帝制」崩散後的餘響，還是新「建國」進程的一部分，甚或兩皆相涉，都是可以思考也需要論證的。還有一種可能，即其兩皆不是，不過就是一些歷時性意義上的跨國（transnational）現象而已（詳後）。

「五四」前後民族主義的重新高漲，雖更多出於外患的刺激，卻與上述「非國家」的思潮和傾向之一度氾濫，有著千絲萬縷的關聯，

---

18 後來很多爭論，都可以追溯至此。例如，20世紀50-80年代西方（尤其美國）的中國論述中關於culturalism vs. nationalism的言說，部分或即淵源於此。

也需要循此進行探索。新文化運動時「德先生」被強調，一個間接而相對長遠的背景，或根於此。那時的人頗用「民治」一詞，卻並不特別重視作為主體的「民」。外來新制度的學理基礎（主要來自西方），以及制度與人民的關係，或人民在制度中的地位，都不是時人關注的重點。有意思的是，今日不少熟悉西方政治學理的研究者，也和時人一樣並不關心這樣的基本議題。

所謂的「民族國家」，本兼含兩大方面，即「國、族」關係與「國、民」關係。兩者密不可分，卻又若即若離。在民初的嘗試共和期間，「不完全的一民主義」已經退隱，釐清與朝廷不再掛鉤的「國家」與「政府」的異同，是中國思想界一個雖未明確提出實則迫切而繁重的任務。在此之上，則是一個更重要的議題，即共和國體下「國」與「民」關係的重新界定和確立。

其實「國民」原本是 nation 的一個譯法（國民黨即 the Nationalist Party），與今譯之「民族」本是同體。或許正是民族主義那曾經與反滿的密切關聯成為一個越來越不必提及、不宜提及甚或不願提及的意象（metaphorical image），此時的「國民」那種主要對外的單一整體意思已淡化，而逐漸固化為對內為主的新涵義，更多是一個可伸縮的複數整體，很多時候可以是全體中的一部分。

早在清末十年中「民」意識興起時，就曾伴隨著一系列今人所謂民粹化的思路和運動方式，如否定讀書人的反智傾向、人民自己教育自己的「新民」方式等。所有這些，在民初也都相當盛行。同時，共和新體制下的「國民」，其表現也並不能令一些趨新讀書人滿意。

清季的立憲，基本是一個自上而下的大舉動，人民自身的意願實不明顯。[19]然而清廷尚未完成立憲就被推翻，故「以憲法規定統治

---

19 參見羅志田：《革命的形成：清季十年的轉折（中）》，《近代史研究》2012年6期。

權」的任務，又留給了民國人。[20]但陳獨秀在民初再次觀察到類似的現象，即「立憲政治之主動地位，屬於政府而不屬於人民」。正因憲政並「不出於多數國民之自覺、多數國民之自動」，他看到了共和國民與奴隸和君主制度下子民那「無以異」的「卑屈陋劣」特性；[21]並深感「吾國年來政象，惟有黨派運動，而無國民運動」。[22]這位正向「國民」靠攏的讀書菁英，潛意識中仍存對民眾的輕視。[23]

「國民運動」本是群體的，但「多數國民」中的「國民」，卻更多是個體的。依既存的研究思路，一個新文化運動的旗手，此時或許會反思個體的人與群體的人之輕重緩急；而陳氏看到的是群體的「黨派」，冀望的也是向群體的「國民」過渡。時人的思維並非單線性的，故這似未妨礙陳獨秀以及其他新文化人同時強調個人及其主動作用，但個人的覺醒與群體的國民運動之間那潛在的緊張（tension），卻已開始顯露，漸呈不呼亦出之勢。

這樣，儘管上述思潮和傾向皆有著一定的「非國家」特色，在國爭須群力的基本認知下，它們大體仍是向著清末開始得到提倡的「群」（落實在集會結社和組黨之上）的一路走——近代產生的「積人成家，積家成國」觀念，僅少數「落後」者還在提倡，「先進」者則走向毀家之路。在民國初年政黨受到質疑後，家庭並未成為回歸的選項。一度特被看重的「個人」，在「五四」後也因國爭而退隱。新文化運動時可見更廣泛的社會（原本意思就是結社集會）興起，幾年

---

20 杜亞泉：《通論》，收入杜亞泉等：《辛亥前十年中國政治通覽》，23頁。

21 陳獨秀：《吾人最後之覺悟》（1916年2月），《陳獨秀著作選編》，任建樹主編，上海：上海人民出版社，2009年，第1卷，203頁。

22 陳獨秀：《一九一六年》（1916年1月），《陳獨秀著作選編》，第1卷，199頁。

23 正如此前以老百姓為主的「民間」卻往往為士紳所代表一樣，後來興起的「社會」主體本是國民，卻又不等同於「國民」，使得陳獨秀等可以主張激烈的「改造社會」，而無需正視其對國民的實際不尊重。

後又出現新一輪的組黨風潮。此時蘇俄影響適至，政黨的概念，以及動員、組織、運行方式也都出現了極大的轉變。

國民黨的改組及其後的國民革命，多少適應了上述的發展，一度頗具整合能力。在群皆惶惑之時，「民族」的回歸及其與「國家」的結合，似乎提供了一個選擇性的出路，卻又是一個充滿了緊張的進程。北伐前後國家主義派和民族主義派的殊死對立，在一定程度上隱喻著也揭示出外來共同學理背後的取向緊張。而「國民」或「民族」的「內化」，又使得在近代中國政治中起著決定性作用的民族主義，始終帶有潛流的性質，與吸引了大量讀書人的社會主義在思想界廣泛而明顯的影響力和實際政治領域表面的無能為力現象，適成鮮明的對照。

在北京政府時期，國民黨潛意識中視中央政府為「他人」的，故特別強調各省的「獨立」及地方自治。北伐後國民黨自己執政，新政權很快開始了清廷當年曾欲實施的「中央集權」努力，國家（state）開始向基層挺進，賦稅成倍數激增，這些都是至少千年以來甚少見到的現象；至於從政治到生活都試圖全面「黨化」的嘗試（「黨化教育」即一鮮明表徵），更是五千年未有的新現象。

20世紀20年代國民革命帶來的轉變，很多是根本性的，尤其政治倫理和政治運作模式都發生了劇變。在某種程度上，可以說北伐前後的「民國」，是兩個很不一樣的「民國」，不妨分別看待。儘管那時中央政府實際控制的省份不多（更寬廣的區域是通過「易幟」實現統一，故中央號令所及的程度不一），其更欲有所作為的積極態度則此前少見。在新的政治倫理之下，「國」與「民」的關係再次面臨重構。

三　餘論

以共和取代帝制為象徵的轉化，是一個翻天覆地的全方位巨變，

一個可能仍在進行中的「五千年之大變」。體制翻新了，文化轉變
了，從政治到社會，生活到心態，思想到學術，無不見證著並反映出
某種半新半舊、亦新亦舊的狀態，多元多歧，而又互滲互動。各種因
素和線索，形成多層次的交織和纏繞，呈現出前所未有的多樣性。在
「亂哄哄你方唱罷我登場」的態勢中，新舊體制又都不是單一的，其
發展可以是卻不必是線性的——新舊之爭是明顯的，但又不僅是新與
舊之爭，而更多毋寧是新的衝突、緊張和對立取代了舊的衝突、緊張
和對立。[24]

　　往昔已逝，對昔人的生活、行為和思想，後人很難「感同身
受」，只能儘量通過設身處地之法以接近之。中國史學的長處，在於
很早就注重辨析歷史記載中「所見異辭，所聞異辭，所傳聞異辭」
（《公羊傳‧隱公元年》）的差別。我們不必「高古而下今，貴所聞而
賤所見」（王充《論衡‧齊世篇》），卻也不宜忘了距離本是史家的優
勢。如布克哈特所說，距離給予史家一個更高遠的位置，可以從雜亂
中感受到和諧，因而獲取對歷史力量和精神的整體把握。

　　在近代中國這一波瀾起伏的動盪時代裏，由於富強成了國家目
標，連帶產生了一系列事出權宜的思路和舉措，後來有意無意間一步
步制度化，成為一種新興的「常態」，使得下馬治天下之時，仍延續
著馬上打天下的思緒。同時，也有不少實為近代出現的新現象，漸被
固化為思維定式，反使後人產生「習見」的感覺。例如，以前地方的
正紳是不允許也不屑於涉足稅收一類事務的；清季人常說的紳首包攬
釐稅，乃是歷時不長的新事物。而今日所謂「地方菁英」參與類似事
務，往往被視為國家涉入地方的表徵，受到中外學者的關注。[25]

---

24 本段與下段，參見布克哈特：《歷史講稿》，劉北成、劉研譯，北京：三聯書店，
　　2009年，178-180頁。並參見梁啟超：《過渡時代論》（1901年），《飲冰室合集‧文集
　　之六》，27-30頁。

25 參見羅志田：《國進民退：清季興起的一個持續傾向》，《四川大學學報》2012年5期。

　　這樣看來，不少近代出現的新現象和新事物，一些被不同政權的制度固化，另一些則在不知不覺中漸為研究者所「熟悉化」，使變態被看作常態，反過濾了很多時人言動，遮蔽了不少重要問題，簡化了原本更為豐富的史事。但史事本在史料之中，何以不少推崇史料的研究者會視而不見？這才是值得深長思的問題。我不能說這些研究者就是願意跟著他人走，思人所思，言人所言；更應仔細斟酌的，或是那些疏離於史料的思路和言說究竟在何處吸引了追隨者？

　　在20世紀的中國，「民族國家」與共和制的「民國」，都是發展中的新生事物。從更長的時段言，民族國家究竟像其他政體形態一樣是人類社會的一個過客，還是可能成為其常態（或者說，是一個歷時不長的過客，還是較長時期中的常態），仍為一個待證的問題。畢竟，在人類歷史中，自有「國」之觀念以來，世界上大部分地區的人在大多數時間中其實都生活在非民族國家——帝國或其他形式——之中。[26]

　　如前所述，民初的中國雖已告別帝制，卻又尚非一個典型的「民族國家」。既不能用舊時帝制的那一套來思考，又不宜簡單套用西方的概念。然而還有第三個選擇，即兩不拘泥，卻不妨兩皆參考、同時借鑑。那的確已是一個新的中國，但不論是既存的帝制中國典範，還是外來的民族國家學理，雖不宜據其成說照本宣科，卻皆有大量的詮釋和分析可以借鑑參考。

　　如果不把上述的變態與常態簡單看作單一的新舊面相（即新舊各

---

26 附帶說，與民族國家不同或對應的政體形態可以很多，帝國僅是其中之一。帝制時期的中國，是否一定要稱為中華「帝國」，竊以為還可斟酌。因為我們現在論述和對話中的「帝國」概念，基本是西來的。而西方關於「帝國」的論述中有一對核心關係，即宗主國和殖民地的關聯互動，在帝制中國基本不存在（所謂朝貢關係稍有類似之處，但那更多是一種「非物質」的政治互動）。這樣，近年西方關於「帝國」的很多新穎見解，頗具啟發性，卻難以借鑑；而不少關於「帝國」的成說，也就未必能說明我們認識帝制中國（詳另文）。

自也充滿了衝突、緊張和對立），而可能是新舊兩皆有之，短言之則
為革故鼎新時代的過渡現象，長言之則歷時性意義上的「跨國」現
象。思想解放了，研究方法和取向自可因事取宜──既可以向前看，
也可以向後看；不妨縱深考察，也可延伸分析。

任何宏大結構，本建立在微細史事的基礎上；而結構的確立，必
也有助於觀察和認識具體的史事。從上面提到的一些基本層面看，民
國前期到底是些什麼人在想什麼、說什麼、做什麼，我們似乎並不那
麼清楚，遑論整個民國史。這也就提示我們：民國史研究還真大有
可為。

且歷史本是積累的，浩浩長江，來自上游之涓涓細滴，發為下游
之波瀾壯闊。民國史亦然。很多民國時開始實施的體制、舉措，不僅
受外來的影響，也多有此前的淵源；而其對社會習俗和群體心理的影
響，或許在幾十年甚至更長的時間後才逐漸顯現出來。故民國史本是
開放的，有繼往的一面，也有開來的一面；只有充分認識和理解其既
往和開來的兩面，我們才能領會到五千年之大變究竟何在。若超越名
號、正朔等面相，而看重其共和制的「國體」，民國的延續性就更加
明顯，頗類外國語法中的「現在進行時態」，不妨以更開放的心態看
待之。

（原刊《南京大學學報》2013年1期）

歷史記憶與五四新文化運動

　　五四新文化運動應該說是廣受關注的題目，每逢五四學生運動週年之際，不僅媒體多有所反應，治史者也不免從反思角度回看「五四」。一般多以為蓋棺即可論定，但我們歷史記憶中的五四新文化運動是怎樣一回事，恐怕仍是言人人殊。[1] 可以說，五四新文化運動不僅未到蓋棺論定的程度，甚至連許多基本史實都還沒有搞清楚。這樣說許多研究「五四」的學人可能會不同意，然而，有些我們認為是已論定的「史實」，當時的當事人或者便不這麼看（詳後）。使問題更趨複雜的是，重新詮釋五四新文化運動的嘗試也始終未間斷。

　　例如，試圖論證五四人不怎麼「反傳統」，是近二十年相當一部分史家（其中包括一些我非常尊重的學界前輩）的持續努力。較近的一個嘗試提出，「五四新文化運動不反儒，但是反對封建禮教」。[2] 這個問題不是這裏可以簡單說得清楚的，但有一點或者值得我們思考，當新文化人反「禮教」時，他們心裏是否存在將此與「儒學」區別的意識？陳獨秀一則曰「舊文學、舊政治、舊倫理本是一家眷屬，固不得去此而取彼」；再則曰「新舊之間絕無調和兩存之餘地」；更明確宣

1　關於歷史記憶中的「五四」，可參閱舒衡哲《五四：民族記憶之鑒》，收入《五四運動與中國文化建設──五四運動七十週年學術討論會論文選》，上冊，北京：社會科學文獻出版社，1989年，147-176頁。不過此文有太明顯的「啟蒙」與「政治」（救國）對立並競爭的傾向，實際上兩者在多大程度上對立，以及新文化運動的參與者的「啟蒙」心態有多麼強烈，恐怕都還值得進一步探索。

2　歐陽軍喜：《五四新文化運動與儒學：誤解及其它》，《歷史研究》1999年3期。

布：「要擁護那德先生，便不得不反對孔教、禮法、貞節、舊倫理、舊政治。要擁護那賽先生，便不得不反對舊藝術、舊宗教。要擁護德先生，又要擁護賽先生，便不得不反對國粹和舊文學」。[3]如果這樣全面的「反對」還不算「反傳統」，那究竟要什麼才可以叫做「反傳統」？

有時，五四新文化運動時的當事人記憶中的「運動」與我們史學言說中的「運動」也有些距離。許傑老先生在1993年回憶說，在五四後期，在歡迎德賽二先生之外，又提出歡迎「莫拉爾小姐」的口號。[4]我們知道「道德倫理革命」是新文化人的口頭禪之一，無疑是當時的關鍵字。但「莫拉爾小姐」是否作為一個口號提出，則幾乎未見研究。如果當時確曾提出，何以不用慣習的「先生」而改用「小姐」，是否意味著某種思想上的反動（非近年所謂反革命義）？尤其是否有意無意中感到了性別的重要性或女性在「五四」口號中的邊緣化？這是今日有了「性別」這一新思想武器的學者大有用武之地的領域，可惜五六年來，在許多人慨歎「五四」已無題可做之時，這樣的上好題目卻無人問津。[5]

人的記憶不一定準確，尤其許老先生是針對「在繁榮市場經濟的同時，也應將莫拉爾姑娘歡迎回來」這一新的時代問題而引出的回憶，有意無意中或許帶點「後見之明」的意味。如果確是如此，則時代需要怎樣「喚醒」歷史記憶，也非常值得研究。我特別感興趣的

3　陳獨秀：《復易宗夔》（按此函發表時原與胡適共同署名），《新青年》5卷4號（1918年10月），433頁；《憲法與孔教》，《新青年》2卷3號（1916年11月），4頁（文頁）；《本志罪案之答辯書》，《新青年》6卷1期（1918年1月），10頁。

4　許傑：《深化「五四」精神》，《文藝理論研究》1993年1期。

5　作者補注：這個問題現在已有研究，參見魯萍：《「德先生」和「賽先生」之外的關懷——從「穆姑娘」的提出看新文化運動時期道德革命的走向》，《歷史研究》2006年1期。

是，假如許先生回憶得不錯，則「莫拉爾小姐」何以在人們的記憶中被自然抹去？隨著「個人」這一五四時期的絕對關鍵字逐漸疏離出時人思想言說的中心，整個「道德倫理革命」確實呈逐漸淡化的趨勢。這一淡化的進程，及其與「個人」淡出的關聯，包括後之研究者對此的不夠重視，都同樣值得深思，也有力地提示出五四新文化運動在我們歷史記憶中的斷裂。

一　五四新文化運動在歷史記憶中的斷裂

　　總體言之，雖然「五四精神」不斷被提及，我們歷史記憶中的五四新文化運動呈現出一種明顯的斷裂意味，這一運動與後之歷史發展的關聯，除了一些經特別選擇而得到反覆強調的面相，仍然模糊。五四人最為關注的一些基本問題，在後來的「五四」研究中似有越來越虛懸而成偶像的趨勢。今人言及「五四」莫不提「德先生」和「賽先生」，但此後二位先生在中國的命運和歷程，便少見深入的研究。[6]換言之，五四人在後五四時期是否以及怎樣繼承或揚棄「五四」的基本概念？緊接「五四」那一代後五四人以及此後數代人怎樣因應五四時代的遺產？我們迄今也還沒有一個相對清晰並為一般人所大致接受的認知。

　　實際上，新文化運動兩個最基本的口號科學與民主在五四運動後各曾有過較大的爭論，即1923年的「科學與人生觀」之爭和北伐後的「人權論爭」及九一八後的「民主與獨裁」之爭。從思想史的角度看，這幾次爭論可以說是後五四時期中國思想界對「五四」基本理念

6　汪暉先生有一篇《賽先生在中國的命運》（《學人》第1輯，），惜基本未及後五四時期。關於這方面的既存研究，參見本書《從科學與人生觀之爭看後五四時期對五四觀念的反思》。

的整體反思，而且這一反思基本是在尊西趨新派陣營中進行（較少受西方文化影響的真正「保守」派，或正脫除西方影響的章太炎等人，便幾乎不曾關注這些爭論），尤其後者更基本反映了同一批人在時代轉變後對原有基本理念的重新檢討，這些論爭本身近年已有不少研究，但迄今似少見從此角度進行的探討，較好而持平的相關論述尤少。

除個人、科學、民主（民治）幾個關鍵字外，新文化人宣導的讀書與做官分流觀念，也可見根本的轉變。讀書人不議政不為官的主張在新文化運動初期非常普遍，但1922-1923年「好人政治」和「好人政府」觀念的提出（宣導者包括胡適與李大釗）則與此完全背道而馳，應是民初政治思想界的一大轉折。且「好人政治」畢竟還是精英取向的，到「好人政治」正式宣告失敗之後，「天下興亡，匹夫有責」這一傳統觀念可見明顯的復興（這對反傳統的五四人實具弔詭意味），其範圍也遠更廣泛；對許多邊緣知識青年來說，天下要擔負在他們肩上恐怕是個非常直接的感覺。此時西來的「到民間去」的口號也開始有了明確而直接的意蘊，國共兩黨的工農運動以及「村治」派的出現等都可視作這一趨勢的不同側面。

就是「內除國賊、外抗強權」這一學生運動的口號，到北伐前也已轉化為「打倒列強除軍閥」；從原僅指章宗祥等的「國賊」變為整體的「軍閥」，可見明顯的擴大化。這一擴大其實意味著質變：前者尚承認既存政權，後者則基本否認。從「外抗強權」到「打倒列強」更是從量到質的轉變，比國內鬥爭目標的轉變更為激烈徹底。1923年的北京學生聯合會「五四紀念會」就很能體現上述轉變，大會主席韓覺民說：「從前我們運動的口號是『外保國權，內除國賊』。現在的政府，一天糟似一天，我們應有繼續的精神作政治的運動。」北大教授陳啟修接著演說，主張「我們現在運動的目的」對內是打倒軍閥、裁

兵、否認現政府、否認現國會、擁護人權、教育獨立，對外則應該起來作國民自動的外交。他特別強調，「這種政治事業，在中國全靠學生來擔任」。[7]

另外，近年的研究表明，新文化人特別提倡的世界精神（世界主義）也在20世紀20年代中期向民族主義轉化，胡適和周作人都是顯例。[8]這樣，除「科學」外，似乎大部分「五四」基本理念在後五四時期都有從量到質較大的轉化，甚至基本轉到對立的一面。即使「科學」，也曾受到強烈的挑戰。若認真作社會學的分析，恐怕「科學與人生觀」論爭中科學派也是勝在社會上而非觀念上，且其「勝利」也僅是象徵性的：八十年後強調「科教興國」的今天，「尊重知識」（這裏知識與科學的關係不言自明）仍是個雖不可及而心嚮往之的努力目標，最足說明問題。

為什麼這許多現象或基本未引起研究者的注意，或雖注意卻未將其與五四人和五四精神聯繫起來思考？這是否意味著研究眼光稍顯狹窄，不僅是只見樹木不見森林，根本是連前後左右的幾棵樹都不看？更值得培養史學研究者的大學教師們反省的是，我們在教書時是否有意無意中恰在灌輸或促成這種連旁邊的幾棵樹都不看的學風？一個最明顯的例子，即受馬克思主義影響的伍啟元在1934年出版的《中國新文化運動概觀》一書，幾乎未見近幾十年的中外研究者提及。該書是較早對新文化運動的系統研究，見解基本持平，出版初期其實頗有影

7　《北京之五四紀念會》，《教育雜誌》15卷5號（1923年5月20日），21693頁（影印版頁）。

8　參見羅志田：《胡適世界主義思想中的民族主義關懷》，《近代史研究》1996年1期。按近代中國讀書人「面向世界」的傾向是長期持續的，在「五四」後的幾年中尤可見明顯的延續，但大約在「五卅」後則確實一度衰微。參見羅志田《理想與現實：清季民初世界主義與民族主義的關聯》，《中國近代思想史的轉型時代》，臺北：聯經出版公司，2007年，271-314頁。

響（兩年後陳端志的《五四運動之史的評價》就幾乎全本伍書），後來卻長期受到學界忽視，實在應引起我們的反思。[9]

伍啟元關於五四新文化運動的著作無形中被歷史記憶抹去，主要體現在史學研究之中，這是我們史家應該深刻「自我批評」的。同時，我們關於「五四」歷史記憶的模糊，也因「五四」後不少人有意無意在修訂關於「五四」的歷史記憶。在這方面，許多五四新文化運動的當事人因常常說其所屬的「家派」的話，雖大致是無意地但也影響了後人關於「五四」的記憶。而有些政治力量則更多是有意為之，如國民黨及一些與之相關的讀書人，就曾特別強化五四新文化運動與國民黨的關係，甚至說是國民黨領導了這一運動。

二 歷史的「再造」：修改五四歷史記憶的一次嘗試

1942年五月《世界學生》雜誌刊發的一組紀念「五四」的文章，就比較充分地體現了這一點。其中吳稚暉那篇《五四產生了兩位新先生》的文章意圖最為明顯，他不僅要說是孫中山領導了五四運動，且根本試圖重塑「德先生」和「賽先生」的概念。那時正是抗戰吃緊的時候，吳對中國傳統的態度已較前大為溫和，承認世界各大文明古國只有中國仍存，「它既有此特點，自必有其特長。大約就是能夠集大成，適應環境」。過去激烈反傳統的吳稚暉此時以為，商湯和孔子代表了中國國家民族的特點，即「中國的國家是日新又新的國家，中國的民族是集大成而為民族之時者」。[10]

9　說詳羅志田：《歷史記憶中抹去的五四新文化研究》，收入其《二十世紀的中國思想與學術掠影》，378-385頁。

10　吳稚暉：《五四產生了兩位新先生》，《世界學生》1卷5期（1942年5月），2頁，以下吳稚暉語俱出此。

　　在這樣的前提下，吳稚暉開始重塑「五四」的形象。他明確提出：「五四運動，是中山先生集了大成，豎起主義，學生起來，發動了一個嶄新的劃時代的文化運動。」他又界定其所謂「劃時代最適時的新文化」說：「文化是精神與物質，一物而兩面，兩面皆有成就，能脫離天然野蠻，進於人力文明之謂。新文化是適應時代、成就更進之謂。劃了時代最適時的文化，精神是使用賽先生幫助德先生，物質是請教德先生發達賽先生之謂。適應時代的新文化，變了主義，就是三民主義；若是籠統叫它文化，就是五四學生心目中的新德先生新賽先生。主義是三民新主義，文化是兩位新先生。」

　　吳氏進而從歷史淵源角度來論證「三民新主義」和「兩位新先生」的關係和內容：

　　　　自甲午到五四之先，大家覺悟中國文化，生了守舊的毛病，於是繁然雜亂的起來運動維新。精神物質，對立爭持。體用、西化、本位、全收，向新力大家都有，如何真正適時的綱領何在，一個也沒有定見，各快一時的義氣。惟有中山先生不慌不忙，搶住了兩位先生，改新了兩位先生，完成了他的三民主義，適宜了完成民國的時代。他搶住德先生，不讓它只是過去的德先生。不取傳統民主的財產選舉，也不取民死主義的暴民專制，不患貧而患不均，節制富民，豐足貧民，注重八德，行使四權，集了大成，希望成功一個嶄新的德先生。搶住賽先生，也不只是看重科學，且要迎頭趕上去。迎頭趕上去，就是接受已有的，還該更有進步的，必要勝過從前，集了大成，希望成功一個革新的賽先生。

　　吳稚暉也知道，他將五四學生運動與孫中山聯結的立說太勉強，

所以承認「五四之先，中山先生並不曾如是的明白吩咐學生，學生也不曾預先請教過他」。不過他給學生分配了一個社會角色，即「過去、現在及將來，永遠是承先啟後的中堅」。擒獲兩位先生大約等於「承先」，要成就兩位「新」先生，才是「啟後」。

「五四」之前，傾向於兩位「新先生」的空氣已「濃厚的彌滿全國，如是的醞釀欲成。不惟學生，且有學者，且有教授，且有一切文化人，都隱隱有此說不出話不出的覺悟。到了『五四』，學生不知不覺，從愛國一點出發，在如火如荼的運動中，就在三民主義的帥纛旗前，扯起了兩種新先生的文化大旆。」這就是五四學生的「承先」，但「只是臨時覺悟，急起直追的承先」。故「兩面大旆，扯了二十餘年，一張方子開好了，沒有工夫配藥，更沒有現實服用」。

而五四學生的「啟後」，就是要「一心負起配藥的責任，達到服用的目的。如何注重八德，如何行使四權，如何節制富民，如何豐足貧民，要絞盡腦汁，拿起五四運動的精神來，造成新德先生；如何迎頭趕上，也絞盡腦汁，成就新賽先生」。

可以說，吳稚暉實際是對近代中國一段歷史做出了全新的再詮釋。他也不是全無所見，例如，他注意到從晚清開始舉國一致的「向新力」這一點，便超出那些只見到近代新舊之間競爭一面的研究者。而其全文的一個核心概念也正是「新」。其中特別值得注意的是，他明確指出孫中山「改新了兩位先生」。在冠以「新」的頭銜後，德、賽二先生的概念與「五四」前後相比已有非常明顯的變化。

就賽先生而言，還只是態度的變化。以前吳稚暉最提倡物質層面的賽先生，而且基本是在「接受已有的」的方面著力；由於賽先生那明晰的西來身份認同，所謂「更有進步的，必要勝過從前」，大體就是從馮桂芬到孫中山都一直在強調的，即學西方的最終目的是要「駕而上之」。關鍵在於，這後面一部分的「勝過從前」，正是賽先生的

「新」之所在，所以吳氏這一從學習到超越的態度轉變，也是帶根本性的轉變。

至於德先生，那簡直就是本質的變化。吳氏所定義的「嶄新的德先生」，的確是面目「煥然一新」，與其西方的原版幾乎沒有多少共同之處，反倒容易使人聯想到國民黨的「訓政」；而其關於節富足貧的觀念，明顯更接近西方的社會主義（但也增加了太多本土特色），實在不像新文化運動時一般譯為「民治」的德先生。

從國民黨方面看，更嚴重的是，孫中山的學說本身也被吳稚暉「改新」，而成為名副其實的「三民新主義」了。常規意義的德先生本是三民主義中「民權主義」的英譯，但吳氏的新定義則使之轉而更接近社會主義，這卻是「民生主義」的英譯；如果德先生一身而兼此二任，孫文學說豈不成了二民主義，顯非孫中山本意。

實際上，孫中山自己並未「改新了兩位先生」，倒是吳氏既「改新了兩位先生」，又「改新」了三民主義。吳稚暉本也承認，孫中山與五四學生運動之間確無實際的聯繫。因此，試圖「在三民主義的帥纛旗前扯起兩種新先生的文化大旆」的，正是吳氏自己。這樣一種整合性的願望和努力，卻因其隨意口吐真言式的新界定，使得五四學生和孫中山恐怕皆不識其為之奮鬥的事業，真是莫大的諷刺。

在同一期的《世界學生》雜誌上，專門研究「科學方法」的王星拱也寫了一篇《「五四」的回憶》，試圖配合吳稚暉聯結國民黨與五四新文化運動的努力。不過王氏畢竟是教授，說話不能那麼隨便，他找不到孫中山與五四運動的直接關聯，卻發現國民黨人蔡元培可以大做文章。王氏以為，「辛亥革命雖告成功，然而國民黨的力量和意識始終沒有跨進北京城一步」。自從蔡元培「做了北京大學校長，於是有若干國民黨人，以及趨向於同情國民黨者，才能活動於這個污濁頹朽

的圈子中的一個清明奮發的小圈子裏」。[11]

他們對於北洋軍閥政府，處處都採取對敵和革命的態度。至於破除廣被朝野的迷信、詆毀剩餘不合時代性的禮制，都是向這一個目標進攻的連帶方法。風聲所樹，傳播極廣，所以五四運動發動之後，不出旬日之間，自北京而傳至全國，自學生而傳至各界，有如古人所謂接萬物者莫疾乎風，是誠為歷史上不曾多見之事例也。

雖然「就此一運動本身而言，蔡先生並沒有主持」，故「五四運動，從抽象的類別上講，是一種情感運動」；但「就具體的命名上講，是在北洋軍閥統治要區以內，由國民黨所導引的表現民族意識的愛國運動」。蔡元培一身兼國民黨元老和新文化運動的監護人，的確提示了國民黨與新文化運動的某種銜接。[12]尤其是王氏指出一些國民黨人借蔡之力而進入北大，甚有所見，是既存研究所論不多的層面（不少人都是在區分思想運動與政治運動的基礎上論述蔡元培的「兼容並包」精神的）。

實際上蔡元培試圖「引進」的國民黨人還更多，他曾想請汪精衛來主持國文類教科，希望汪能像普法戰爭後普魯士大學教授菲希脫（今多譯費希特）一樣「以真正之國粹，喚起青年之精神」。[13]看來蔡元培對他的一些國民黨同人所知不深，像汪這樣有大志者，如何肯任大學教職。他也曾試圖請吳稚暉來任學監，作「學生之模範人物，以整飭學風」，並兼授言語學概論。吳不就。[14]反之，恐怕正是許多像

---

11 本段與下兩段，王星拱：《「五四」的回憶》，《世界學生》1卷5期，3頁。

12 參見羅志田：《南北新舊與北伐成功的再詮釋》，《新史學》5卷1期（1994年3月）。

13 蔡元培致汪兆銘，約1916年12月，《蔡元培全集》，高平叔編，第3卷，26頁。

14 蔡元培致吳稚暉，1917年1月18日，《蔡元培全集》，第3卷，10-11頁。按蔡元培對吳稚暉的認知相對「準確」，然可能也因此而致使吳不應聘。蔡在前引致吳信中說，北大當時主要問題是「學課之凌雜」和「風紀之敗壞」，欲糾正之，前者需「延聘純粹之學問家」，後者則當「延聘學生之模範人物」。吳稚暉實未曾以學術為志業，

汪、吳一類的國民黨人未加入北大，才有北大的後來的「自由派」
氣象。

　　有意思的是，王星拱根本認為，包括蔡元培在內的北京國民黨
人，其主要的革命「目標」是北洋軍閥，而破除迷信和詆毀禮制不過
是「向這一個目標進攻的連帶方法」。這與一些北洋軍閥的觀念非常
相似，直系軍閥李倬章在1924年便將蔡元培視為國民黨「南方」派來
的細作，他說：「北大校長蔡元培與南方孫中山最為接近。知南方力
量不足以抵抗北方，乃不惜用苦肉計，提倡新文化，改用白話文，藉
以破壞北方歷來之優美天性。」[15]從五四運動後不久，即有人說五四
學生運動把本是思想運動的新文化運動引上了主要關懷政治的「歧
途」，這個看法固然不無偏見；[16]但若矯枉過正，將新文化運動視為
「進攻北洋軍閥」這一政治目標的「連帶方法」，似乎也離五四人當
時的觀念太遠。

　　身與五四學生運動的許德珩對此的看法便不同，他認為五四精神
主要表現在「對於民族的信心和學術研究的興趣兩方面」；自五四運
動認識了德、賽二先生：

且常出言戲謔，然對學問自視不低；此次既未被視為「學問家」，恐怕是很難應邀
的。另一方面，也可看出蔡元培雖曾身與革命並主兼容並包，對學術分寸把握尚
嚴。約三十年後中央研究院選第一屆院士，吳稚暉竟然當選人文組院士，名列第
一，其資格是「思想家，著有《一個新信仰的宇宙觀與人生觀》等」（《中央研究院
史初稿》，204頁）。一方面或因國民黨對學術的無形干預增強，但主要恐怕與時任
北大校長的胡適「擁吳」相關。此時若中研院院長蔡元培仍在世，有學問然不夠
「純粹」的吳氏能否當選甚至能否被提名，或尚存疑。兩任北大校長對「學術」認
知的寬嚴異同，相當發人深省。

15 轉引自陳序經《中國文化的出路》，上海：商務印書館，1934年，136頁。
16 參見羅志田《走向「政治解決」的「中國文藝復興」：五四前後思想運動與政治運
　　動的關係》，《近代史研究》1996年4期。

轉變了人們對於政治的態度和學術研究的風氣。「求學不忘救國」與「救國不忘求學」的兩句警語，不惟把舊時讀死書的書呆子從字紙簍裏拖出來，放到民族自救的熔爐裏去，體驗他們的學術，致用他們的學問；同時也使那班久假不歸的先生們有所警覺，知道擔負改造未來的新中國之重任的青年，是需要學問，需要努力於學問的。這是當日青年的自覺，因為有這種自覺，所以在當時，不維〔惟？〕各種學術的研究是在蓬勃的發展，就是各方面的事業，也都被青年們的覺悟，達到蓬勃的發展。[17]

　　這就是說，五四人認為政治和學術是互相關聯而缺一不可的。這其實也不完全是認識了德、賽二先生之後的新知，很可能不過是政教相連而不分的中國政治傳統觀念的一種「現代表述」而已。[18]但「讀書救國兩不誤」這一民國內外交困的特殊語境下出現的口號，雖有其時代的「正當性」[19]，有時也會帶來一些意想不到的結果。

　　楊蔭杭在五四運動後兩三年間便觀察到：「他國學生出全力以求學問，尚恐不及。中國學生則紛心於政治，幾無一事不勞學生問津」。他認為，「學生之義務，在學成人才以救國」；若「終日不讀書，但指天劃地，作政客之生涯，則斯文掃地矣」。而當時的情形恰好是「學生自視極尊，謂可以不必學；且謂處此時世，亦無暇言學。於是教育與政治並為一談，而學生流為政客」。問題是，「若人人以為不必學，而學校改為政社，浸假而人人輕視學校，不敢令子弟入學」，則會造

---

17 許德珩：《「五四運動」的回憶與感念》，《世界學生》1卷5期，9-10頁。

18 參見羅志田《中國文化體系之中的傳統中國政治統治》，《戰略與管理》1996年3期。

19 例如主張學生或者一心讀書，或者完全幹政治的胡適在1921年也承認「在變態社會中，學生干政是不可免的」。參見羅志田《再造文明之夢——胡適傳》，254頁。

成「教育破產」，其慘「更甚於亡國」。[20]「兩不誤」的取向可能導致「兩皆誤」，這大約是一些時人主張學術與政治分離的一個現實的考慮；但另外許多人確實以為可以做到「兩不誤」，也是事實。

或許是因為抗戰的原因，許德珩與吳稚暉、王星拱一樣，仍將五四運動歸結到執政的國民黨方面。他說：五四的時代已過去了，中國和世界都不是二十多年前的了。

> 當日大家要求「德先生」，不過只是一個提倡的口號；而國父孫中山先生奮鬥四十年的民權主義，現在已經成了全民族共同信奉的信條，是如何的有待於我們今日青年努力的實施。當日要求「賽先生」，也不過是一種提倡的口號；而二十多年以來，中國各科學的進步，已經脫離了提倡的時代，達到自己研究、自己發明和創造的時代；並且孫先生的民生主義與實業計劃，是建設新中國之科學的結晶，有待於各種科學家去努力的發揚光大和正確的執行。[21]

許德珩的論證思路與吳稚暉的比較接近，不過他尚知道德先生的對應者是民權主義，所以儘量把賽先生往民生主義方面靠。而且他無意改寫歷史，所以將五四運動與國民黨的關聯落實在時代已轉變的「現在」與將來。

另一位身與五四學生運動的羅家倫此時與國民黨的關係已非常密切，所以他也努力論證國民黨與「五四」的關聯。與吳稚暉和王星拱

---

20 楊蔭杭這些文字見《申報》1920年12月20日、1921年9月29日、1923年2月3日、2月6日，均收入其《老圃遺文輯》，武漢：長江文藝出版社，1993年，163、422、711、713頁。
21 許德珩：《「五四運動」的回憶與感念》，《世界學生》1卷5期，10頁。

一樣，羅家倫也從歷史的角度尋找雙方的關係；與他們相反的是，他把國民革命看作學生運動的發展。羅氏主張：「五四運動是青年革命運動，也就是當年所謂學生救國運動。五四運動燒起了中國民族意識的烈焰，所以由青年革命運動擴大而為民族革命運動，就是現在一致努力的國民革命運動。」而五四運動與國民革命的傳承，就落實在「受過五四潮流震盪過的人，青年以及中年，紛紛投身於國民革命」。[22]

羅家倫並根據自身的經歷指出：孫中山「對於這個趨勢，是感覺最敏銳，而把握得最快的人。他對於參加「五四」的青年，是以充分注意而以最大的熱忱去吸收的。他在上海見北京學生代表，每次總談到三四點鐘而且愈談愈有精神，這是我親見親歷的事實。所以民國十三年中國國民黨改組前後，從五四運動裏吸收的幹部最多，造成國民革命一個新局勢。」

在民國二年後，國民黨因宋教仁被刺及其他主要領袖被迫流亡國外，一度與國內的政治文化主流疏離。在1915年因「二十一條」而起的全國性反日群眾運動期間，國民黨人在民族矛盾和國內政爭之間處於兩難境地，內部意見分歧，基本上置身事外。及至次年的護國之役，乃由進步黨唱了主角，國民黨只起到輔助的作用。[23]在新文化運動期間，國民黨大體上仍在運動之外。山田辰雄根本認為，孫中山對「五四」之前的新思潮並不怎麼關注，只是在五四學生運動發生後，才因支持學生運動而認可新文化運動。[24]

---

22 本段與下段，羅家倫：《從近事看當年（為五四作）》，《世界學生》1卷6期（1942年6月），2頁。

23 參見羅志田《「二十一條」時期的反日運動與辛亥五四期間的社會思潮》，《新史學》3卷2期（1992年9月）。

24 山田辰雄：《孫中山・五四運動・蘇聯》，收入廣東省孫中山研究會編《「孫中山與亞洲」國際學術研討會論文集》，廣州，中山大學出版社，1994年，720-738頁。

　　呂芳上近年的研究表明，國民黨與新文化運動的關係，其密切程度遠超出過去的認知。若從民初社會廣義的新舊之分角度看，國民黨與新文化運動無疑都在新的一邊。但是廣義的同並不能改變這一事實，即改組前的國民黨與新文化運動是有著許多重大思想歧異、基本社會組成也極不相同的兩個運動。正如呂芳上的書名「國民黨改組前對新思潮的回應」所提示的，國民黨人是在運動之外「回應」新文化運動的。[25]

　　比較《世界學生》雜誌上述諸說，同是論證國民黨與五四新文化運動的關聯，吳稚暉最為信口開河，可以說完全是根據黨派立場隨意「重寫歷史」；王星拱將此落實在蔡元培身上，稍更接近實際情況，但其所論仍非常勉強；有著親身經歷的羅家倫的論述最接近歷史真相，但他把國民革命視為五四青年運動的「擴大」，則又忽視了國民黨自身從同盟會以來的長期「革命」傳統（已執政的國民黨仍長期以「革命」為號召，相當能體現20世紀中國的激進特徵）；而許德珩將兩者的關聯置於時代已轉變的現在和將來，處理得相當巧妙，不過他試圖將德、賽二先生和民權、民生二主義聯合起來的努力，卻不免牽強，仍透露出為當時的現實需要而進行「宣傳」的意圖。

　　應該說明的是，不論這些人當時的政治認同如何，他們的主要身份認同還是文化人，他們之所以特別要論證五四精神與國民黨及國民革命的關聯，也許有一個當下的隱衷，那就是當時中央政府電告各省市，以「五四」不是法定紀念日，令各地不要舉行紀念會。王芸生以為，「中央令勿紀念五四，當然是無取於學生干政之風」。[26]然而《世

25 呂芳上：《革命之再起——中國國民黨改組前對新思潮的回應（1914-1924）》，臺北，中研院近史所，1989年；並參見羅志田《南北新舊與北伐成功的再詮釋》，《新史學》5卷1期，89-90頁。

26 王芸生：《五四精神與中國外交》，《世界學生》1卷5期，11頁。

界學生》雜誌「覺得五四對於青年是值得紀念的一個日期,我們尤其感覺要繼續五四的精神,所以特地編印五四特輯」。[27]既然值得紀念,又不欲違背中央不舉行紀念會的意圖,「五四」還能紀念的當然就是「學生干政」之外的內容,特別是其「精神」。如果能論證五四精神與國民黨及國民革命的關聯,則這一紀念就更加具有正當性,至少政府或會承認此舉之「政治正確」性了(這只是未經證明的推測,仍不排除這一特輯是受國民黨某方面的「指示」而出)。

國民黨內對五四新文化運動的觀念,顯然是不一致的。周策縱注意到,雖然蔣介石對五四學生運動曾大致肯定,他在1941年7月公開表述了對新文化運動的否定態度。[28]但前北大教授朱家驊的觀感似相反,朱氏自北伐起約有二十年頗得蔣介石信任,長期任職國民黨中央並主持三青團工作,他以為:

> 五四運動在中國歷史上是一種啟蒙運動,所以五四以後的青年運動,也染上了極其濃厚的啟蒙色彩。這種啟蒙色彩,最明顯的,就是一種反抗的態度,對於歷史、社會上的一切,都要反抗。貞操觀念、孝的道德固然反抗,就是支配人心社會時間最久、力量最大的儒家思想,也要打倒。青年的要求,是要把自己出身,從傳統中解放出來。[29]

---

27 《編後語》,《世界學生》1卷5期,16頁。

28 參見周策縱:《五四運動:現代中國的思想革命》,周子平等譯,南京:江蘇人民出版社,1996年,473-474頁。

29 本段與下段,朱家驊:《三民主義青年團在中國青年運動中的意義與價值》(1942年7月1日)、《五四運動二十五週年紀念談話》(1944年5月4日),收入《朱家驊言論集》,王聿均、孫斌編,臺北:中研院近史所,1977年,356-357、359頁。按後者是某報「專訪」朱家驊的底稿,原題「五四運動第廿五週年紀念」,見臺北中研院近史所藏朱家驊檔案,檔號111-(2)。後者基本意旨重複前者,然具體內容詳略不一,兩相參閱,更能全面瞭解其指謂。

　　這種反抗態度對「文化的進步」不無價值，然其作用主要在「推翻舊標準」的消極一面，在「建立新的標準」的積極方面，「並不能有什麼貢獻」。尤其「五四運動以後不久，青年運動的本身，又趨重於政治活動。當時的各種政治組織，都在『誰有青年，誰有將來』的觀念之下，要取得青年的信仰，來領導青年。於是青年運動，變作了政治運動的一部分，於是青年也變作了獲得政權的一種手段」。這不僅「不是青年運動正軌的發展，而且於青年本身是犧牲的，於國家民族也是有害的」。所以國民黨「自清黨以後，對這種現象竭力設法糾正」，抗戰後更「為積極訓練青年」而成立三青團，「最終證明了本黨的領導，始為正確的領導」，也就是「把青年看作『目的』，而不把青年當作『手段』」。

　　可知朱家驊對新文化運動雖有保留，多少還能肯定其「進步」作用；然而對此後走向政治的青年運動，卻認為對青年本身和對國家民族都有害，也許他還保留著一些主張學生以讀書為主的教授思維。無論如何，國民黨對「五四」的感覺相當複雜，既不甚欣賞，又不能放棄。對任何執政者來說，「學生干政之風」當然不宜鼓勵；但在「誰有青年，誰有將來」的時代，又有哪一支政治力量能夠忽視對青年的爭取或「領導」呢。

　　《世界學生》雜誌社的社長杭立武總結「五四特輯」各文內容說：「五四精神」就是「青年自覺和奮鬥的精神。自覺就是認識時代所賦予的責任，奮鬥是擔負責任所包含的工作。這精神應用到外交，就成國家民族獨立自由的要求；應用到內政，便成了民權主義的運動；應用到教育文化，便加強了新文化和學術科學化的潮流。」[30]這

---

30 杭立武：《五四精神與青年今後努力之方向》，《世界學生》1卷5期（1942年5月），13頁。

樣的總結相當意味深長，既有重新「詮釋」五四精神使之與國民政府靠近的意思，也依稀可見試圖「證明」該刊紀念「五四」為「政治正確」的隱衷。

而文化、政治、學術在當時確實也是相互關聯的，許德珩和顧頡剛都以回憶為基礎討論了這一關聯，然而這兩位當時的北大學生所見卻不甚一致，無意中透露出其所屬的「家派」對於「五四」歷史記憶的差別。與上述諸人一樣，許德珩也從歷史發展的角度論證了五四運動的產生。他認為五四運動「不是倉促間一種烏合之眾的行動，而是經過了相當長時期準備的一個有組織有計劃的運動。說到它的起源，我們應當追溯到『五四』前一年春間留日學生的歸國與平津學生向政府請願運動」。[31]

1918年5月北京天津的學生已有一次反對中日密約的遊行，此後並產生了包括數個城市學生的機構「學生愛國會」，這些人「同時又組織了一個『國民雜誌社』，出版了一種半宣傳半學術的刊物，叫做《國民》雜誌」。這個刊物「單純從文化的意義來說，是不及當日的《新潮》、《新青年》之引人注意，因為它是注意於抗日的鼓吹，不專注重於文字的改革。在它裏面有白話文的作品，同時也有文言的作品；有古典派黃季剛先生的文章，同時也有改革派李守常先生的文章。可是若從學生運動和民族意識之表現來說，這刊物是當時南北各學校兩三百個青年學生自動結合的一種刊物，是發動『五四運動』一個有力的先鋒隊伍，『五四運動』有許多努力的人，多半是這個刊物裏面負責任的分子。」

另一位身與新文化運動的北大學生顧頡剛，因不在北京而未參加五四運動，同樣以回憶為基礎，對「五四」的詮釋就相當不同。顧氏

---

31 本段與下段，許德珩：《「五四運動」的回憶與感念》，《世界學生》1卷5期，8頁。

認為，「要紀念五四，就不能不紀念五四時代的北京大學的文科」；「五四」前「北大文科學生有兩種刊物，主張復古的是《國故》，主張創新的是《新潮》，兩方面都本著自己的信仰作不客氣的辯論，這才是文學院的學生所應當有的勇氣和趣味。其後五四動運起來，新潮社的同人立刻成了這運動中的主力，盡了他們的指導新文化運動的責任。」[32]有意思的是，復古的《國故》尚被提及，而許德珩回憶裏最重要的刊物《國民》在這裏竟然沒有出現。

若不言刊物，僅就辦刊物的學生參與五四運動而言，兩人所述皆不誤，而彼此均不提及對方（許德珩雖略提及《新潮》，然僅限於單純「文化意義」的層面），這很能體現一些「五四」的當事人有意無意間常常站在其所屬的「家派」立場上立言，其本意或不在重塑歷史，卻影響了後人關於「五四」的歷史記憶。這樣的敘述當然也不僅僅是「家派」的影響，還牽涉到雙方對五四學生運動和新文化運動的理解。

三　五四學生運動與新文化運動

許德珩承認《新潮》在「文化」方面作用較大，但具體到學生運動，則《國民》的同人做得更多，這也大致與史實相符。實際上，五四學生運動與新文化運動的關係是個長期處於爭議之中的問題，羅家倫就認為兩者不是一回事，他說：「新文化運動的發動，早於五四，如《新青年》、《新潮》的出版，均早於五四二年或一年。五四運動很受新文化運動的影響，但是五四運動與新文化運動終究是兩回事。不過五四運動以後，新文化運動更加彌漫。」具體言，「五四以來，一

---

32 顧頡剛：《我對於五四運動的感想》，《世界學生》1卷5期，7頁。

直到現在，公私的文告，都是有意識的用白話來寫，就可以知道他的影響。為民族意識的普及，這實在是一個最有效的力量。還有小學全部和初中一部分的採用國語為課本，不知道減少多少幼年和青年的痛苦，也是一件不可忽略的事實。」[33]

這一「不可忽略的事實」還需要進一步的說明，國語運動發源於清季，到民國初年更受到政府（教育部）的提倡和鼓勵，本是朝野一致的努力。新文化人正是在國語運動「最興盛的時期」提出文學革命的口號，其始作俑者胡適後來對文學革命的總結，即是「文學的國語、國語的文學」。則「文學革命」與「國語運動」，至少在建設方面的目的是共同的。[34]胡適自己就注意到，北洋政府教育部從1920年起就逐步下令在中小學使用國語。故新文化運動在推廣白話方面，不過是繼續了清季以來的國語運動，但卻自以為是在「革命」；而北洋政府對中小學課本的改革本是其注重國語的自然發展，恐怕也未必受到五四運動的影響。這樣一種因傳統中斷（不是全斷）而造成的歷史記憶的錯亂，還值得進行更加深入的研究。[35]

不過國民政府如果真在官方文告方面「有意識的用白話」（羅氏出語謹慎，有意識不等於已做到），倒確實有新文化人的努力。胡適在北伐基本獲勝時即致函已參與國民革命的羅家倫，希望他「趁此大改革的機會」，提議由政府規定公文都用國語。胡適說，「此事我等了十年，至今始有實行的希望。若今日的革命政府尚不能行此事，若羅志希尚不能提議此事，我就真要失望了」。[36]

---

33 羅家倫：《從近事看當年（為五四作）》，《世界學生》1卷6期，3頁。

34 參見伍啟元《中國新文化運動概觀》，上海：現代書局，1934年，29-30頁。

35 這方面的一點初步探索參見羅志田《〈山海經〉與近代中國史學》，《中國社會科學》2001年1期。

36 胡適致羅家倫，《胡適來往書信選》，上冊，503頁。此信選輯的編者以為在1928年某時，但以內容看，恐怕在1927年，參見羅志田《前恭後倨：胡適與北伐期間國民黨的「黨化政治」》，《近代史研究》1997年4期。

　　羅家倫的《新潮》同事顧頡剛，則較能注意到五四運動承前的一面。他說，「五四運動誠然是一條劃時代的界線，然而五四以前的國民並不是沒有感到國家危機的迫切」。百年來因外患而起的「排外運動、立憲運動、革命運動……像狂飆、像怒潮，湧現了不可抵禦的人民力量，造成了政治上劃時代的辛亥革命。所以為了高徐順濟鐵路事件而起來的五四運動，原是繼續著前人反抗強權的步武〔伐〕，並沒有包含特殊的意義」。[37]

　　在顧頡剛看來，五四運動的意義正在於使反抗強權的運動與文化建設聯繫起來，他指出：

　　　　五四運動究竟有它的特殊成就，那便是文化建設的奠基。在五四運動以前，反抗強權是一件事，文化建設又是一件事，兩者不生關係。大家只覺得別人以堅甲利兵來攻我，我們也只有用堅甲利兵去對付；可是在文化方面，我們自有歷代祖宗相傳的一套，不應該遷就別人，所以他們喊出了「中學為體，西學為用」的口號。但在五四以後，大家知道要反抗強權，這個基礎是要建築在文化上的，必須具有和列強大略相等的文化，無論是物質的和精神的，方可抵得住列強的侵略，於是激起了『創造新文化』的呼聲。

　　與羅家倫相類，顧頡剛注意到新文化運動先於五四運動，在他看來：

---

37 本段與以下數段，均見顧頡剛：《我對於五四運動的感想》，《世界學生》1卷5期，4-5頁。

五四運動所以能配合文化運動，並不是參加運動的人都有這個
明顯的目標，乃是文化運動比五四運動早了一二年，正當它順
利推進的時候適有五四運動的發生。既有運動不能沒有宣傳，
宣傳的工作以白話文為接近民眾的利器，而白話文運動乃是這
個文化運動的核心。當五四運動在北京發動之後，各處罷市罷
課，所有的大學生和中學生都成了這個運動的中堅分子，而這
種中堅分子即是這一二年中涵泳於新起的白話文中的人。他們
一發動，白話文就推進到每個城市和鄉村裏了。

而白話文的簡易無約束，使「向不入文的各種社會情態以及個人
情感都有了發洩和記載的機會。為了表示出社會的黑暗面，就此激起
一般人改造社會的熱忱，五四運動即與文化運動結了不解之緣」。值
得注意的是顧頡剛認為，「其後政治性的運動漸就平靖，大家忘記
了；可是文化的運動卻日益發展，大家都感到改造文化即一切生活方
式有迫切的需要」。

這裏有兩層重要的意思，第一，這次為《世界學生》雜誌的「五
四特輯」撰稿的其他人，多少都要試圖說明國民黨與五四運動的關
係；而按照顧頡剛的界定，只有五四運動承前那政治一面還可能與國
民黨發生關係，若政治性的運動已淡化，則五四運動與國民黨的關係
也就很難掛鉤了，這是顧頡剛所論非常與眾不同之處。第二，我們都
知道胡適曾說五四運動是對新文化運動的「政治干擾」，後者因前者
的干擾而「夭折」，則顧頡剛所見與胡適恰好相反。雖然許多人都未
必完全贊同胡適此說，但其觀念對討論五四新文化運動者有明顯的影
響。[38]

---

38 參見羅志田《走向「政治解決」的「中國文藝復興」：五四前後思想運動與政治運
　動的關係》，《近代史研究》1996年4期。

其實當年也有人持與顧頡剛相近的看法，早在1922年，有位叫鐵民的在給胡適的信中，已說「新文化之胚胎雖在五四之前，而文化之進步確在五四之後」。[39]什麼可以算作「文化進步」固然有各種不同的標準，但正是五四學生運動擴大了新文化運動的影響，大概是不成問題的。陳獨秀在1918年初承認，《新青年》雖發行三年，尚不十分得意，他說，該刊三年來「所說的都是極平常的話，社會上卻大驚小怪，八面非難。那舊人物是不用說了，就是咭咭叫的青年學生，也把《新青年》看作一種邪說、怪物，離經叛道的異端，非聖無法的叛逆」。[40]連「青年學生」都還不曾普遍接受《新青年》，說新文化運動在那時至少未成主流大致可立。

周作人在1949年也認為，雖然胡適「力說五四的精神是文學革命，不幸轉化而成為政治運動，但由我們旁觀者看去，五四從頭至尾，是一個政治運動，而前頭的一段文學革命，後頭的一段新文化運動，乃是焊接上去的」。[41]周氏的看法與顧頡剛的不甚相同，但卻明確將新文化運動置於五四運動之後，這恐怕和他哥哥魯迅根本不認同「新文化運動」這一稱謂相關。

魯迅認為，「新文化運動」這一名目本是《新青年》的反對者製造出來的，他先在《熱風・題記》（作於1925年11月）裏說，五四運動後，革新運動表面上有些成就，於是主張革新的人也漸多，這裏面「有許多還就是先譏笑、嘲罵《新青年》的人們，但他們卻是另起了一個冠冕堂皇的名目：新文化運動。這也就是後來又將這名目反套在《新青年》身上，而又加以嘲罵譏笑的。」一年後他又在《寫在

---

39 鐵民致胡適，1922年2月17日，《胡適來往書信選》，上冊，141頁。

40 陳獨秀：《本志罪案之答辯書》，《新青年》6卷1期（1918年1月），10頁。

41 本段與下段均見周作人：《知堂集外文・四九年以後》，長沙，嶽麓書社，1988年，27頁。

〈墳〉後面》（作於1926年11月）說：「記得初提倡白話的時候，是得到各方面劇烈的攻擊的。後來白話漸漸通行了，勢不可遏，有些人便一轉而引為自己之功，美其名曰『新文化運動』。」[42]應該說，「新文化運動」這一名目的確是後出的，然包括胡適在內的許多當事人尚能接受，而周氏兄弟對此的認知與當時許多人不甚相同，還可進一步探討。

無論如何，從胡適和周氏兄弟到羅家倫、顧頡剛等師生兩輩人均視五四學生運動與新文化運動為雖密切關聯卻終屬兩回事。其實兩者間一向有相當的距離，而且不僅是一般所關注的政治傾向與文化傾向的歧異。我們都知道五四青年火燒趙家樓是因為巴黎和會關於中國山東的決定再次提醒了中國人帝國主義威脅的存在，幾乎沒有人否定學生運動具有強烈的民族主義意味；我們也都知道陳獨秀有一句常為人引用的口號：中國要實行民治主義，應當「拿英美作榜樣」。這兩種傾向顯然有所衝突，尤其很少有人注意到，陳獨秀喊出這一口號是在五四學生運動爆發之後數月的事（他在同時還發表了不少歌頌杜威和實驗主義的言論）。在新文化運動中以激進著稱的陳獨秀此時偏於溫和穩健的態度提示著新文化運動與五四學生運動的明顯距離（雖然他不久即跟上了學生，開始攻擊「杜威」在那時的同義詞「威爾遜」，並最後選擇了列寧指出的方向）。[43]

引證這些關於新文化運動和五四運動的歧異觀念，不是要想重新界定這究竟是一個運動還是兩個運動。借用羅家倫的話，我們的時代已不是五四人所處的時代，所以我並不反對廣義地用「五四運動」或「新文化運動」來稱謂1917到1923年間（甚或前後再延伸一二年）這

---

42 《魯迅全集》（1），292、285頁。這一點承劉桂生先生提示。
43 參見羅志田：《西方的分裂：國際風雲與五四前後中國思想的演變》，《中國社會科學》1999年3期。

個由數次小「運動」構成的大「運動」。研究者在臨文時只需稍作界定，便不致引起誤解。但這麼多五四新文化運動的當事人或同時代人在五四運動後不久即有如此紛紜的看法，過去似未引起足夠的注意，說明我們關於此事的研究還相當不深入。而他們分歧的核心究竟何在，恐怕是今後的研究者仍須努力之處。

李大釗在五四學生運動兩週年時曾說：他希望「從今以後，每年在這一天舉行紀念的時候，都加上些新意義」。[44]他的本意是當然希望五四精神能夠隨時代的前進而發展，這且不論，但此語卻提示了從史學角度考察「五四」的一個取向。從1919年以後，每年五月四日差不多都會有一些關於「五四」的紀念文字發表，而我們關於「五四」的歷史記憶也果然隨時代的前進而變化，不斷「加上些新意義」（在一些面相因不斷「再生」而得到加強的同時，也有一些面相被淡忘；但不論具體內容是增是減，「五四」的「意義」本身同樣被「更新」了）。

前引《世界學生》「五四」特輯各文有一個共同特點，即作者都有意識地從歷史的角度考察和論證問題，可知從嚴復引入的進化論到胡適提倡的「歷史的觀念」已經深入時人之心。這次特輯的作者基本是五四新文化運動的當事人，且多數文章是建立在回憶的基礎之上，然而他們自己的見解又有這樣多的歧異；不過回憶也可能是「詮釋」，這些歷史的創造者或有意或無意其實已對歷史進行了「再創造」。

以當事人的言說為依據來研究五四新文化運動，本應是最為「正當」的方法。這些言說本身可以說都是第一手的材料，但都帶有了當事人自身的觀點和立場，尤其許德珩和顧頡剛的回憶不是可以通過簡

---

44 李大釗：《中國學生界的「May Day」》（1921年），《李大釗選集》，358頁。

單的辨別真偽來決定取捨的。這就提示我們，史家需要考察歷史資料
在何種情形下因何目的並經何途徑怎樣留存下來，以及這樣留存下來
的材料在多大程度上能使後人瞭解或認識到歷史事物的「真實」發生
發展過程。不論「五四」的客觀存在或歷史「真相」如何，當其被經
由某種程序（而不是其他可能的程序）記錄下來後，即使「第一手」
的史料也的確可能帶有「偏見」。正是這類帶有「偏見」的歧異史
料，通過（嚴肅而非輕率的）學術研究，無形中影響了、而且一直在
影響我們對五四運動的歷史記憶，最應引起我們的反思。

　　本文只是一篇小札記，無意深入全面地探討關於「五四」的歷史
記憶問題，僅略記國民黨這一政治力量有意識地修訂關於「五四」的
歷史記憶的一次嘗試。[45]實際上國民黨這一做法延續了相當長的時
間，胡適晚年定居臺北時，仍注意到當地人言及「五四」的這一偏
向，曾表示「此間人家寫的五四運動的文章，我連看都不要看，他們
只有黨派的立場，決沒有客觀的判斷」。[46]

　　而國民黨的做法也影響到其他方面，西方的民國史研究中便可見
明顯的國民黨觀念（當然基本不是有意為之）。[47]黎澍曾總結20世紀50
年代以來大陸中國近代史研究的四個缺點，其中之一恰是追隨「國民
黨觀點」，表現為「不充分地研究材料，人云亦云，國民黨反對立憲
派，也跟著反對立憲派，以領袖劃線，以黨派劃線，不從歷史實際出
發」。[48]這一傾向在關於五四運動的論述中也隱約可見，文化大革命期
間講到五四運動，通常提及的領袖人物只有李大釗和魯迅，連中共創

<hr />

45 不論這次《世界學生》的文章是受國民黨「指示」而做還是為了能使國民黨接受對
　　「五四」的紀念而做，都屬於根據「當時需要」修改歷史記憶的舉措，且除顧頡剛
　　外實際上或多或少皆站在國民黨立場上立言。

46 胡頌平編：《胡適之先生晚年談話錄》，北京：中國友誼出版公司，1993年，260頁。

47 參見本書《民國史研究的倒放電影傾向》。

48 引自耿雲志：《回憶黎澍同志》，收入黎澍紀念文集編輯組編《黎澍十年祭》，294頁。

始人陳獨秀也幾乎不曾出現，像胡適和魯迅的弟弟周作人等更是完全
不提。這當然不是直接追隨「國民黨觀點」，但與幾十年前國民黨試
圖修改歷史記憶的取向則大致相類。人云亦云式的觀點追隨其實還比
較容易發現糾正，倒是無意識的取向追隨則因其隱晦而往往不易覺
察，黎澍先生的睿見還值得我們深思。

（原刊《四川大學學報》2000年5期）

陳寅恪的史料解讀與史學表述臆解[*]

　　像陳寅恪這樣一位不應該被遺忘的學術大師，在我們學界的集體歷史記憶中卻在相當一段時期裏基本被「遺忘」、直到近年又被「重新發現」。或者即因為這一度的遺忘，陳先生本人以及「陳寅恪學術」的形象似乎都已使人感到生疏，於是出現了許多試圖修訂或重塑我們歷史記憶中的「陳寅恪形象」的努力。

　　陳寅恪以知識的廣博、所學古今外語的門類多、涉及的領域寬泛以及對中國文化理解的深入而聞名於世；在陳先生最主要的研究領域史學裏，他又以史料熟悉和善於考據著稱。但由於「陳寅恪學術」形象的模糊，其史學所長究竟為虛為實，學界的見解也甚紛歧。[1]20世紀50-60年代培養的史學研究者一個共同的感受，即他們與老一代學者相比，其短處在史料的熟悉和掌握，而長處在「理論」（通常指馬克思主義史學理論）。陳寅恪即被視為「史料」的象徵，故在理論方面已有唯物史觀這一有力武器的郭沫若當年提倡年輕人要在史料方面

---

[*]　本文曾於2001年10月26日在北京大學東方學研究院華林學術講座陳述，與會者的問題和評論使我獲益匪淺，特別是北大哲學系一位未報姓名的博士生的意見，直接幫助了本文第一節的修改，謹致謝忱！

[1]　如陳寅恪的弟子蔣天樞說陳治學「沿襲清人治經途術」（蔣天樞：《陳寅恪先生編年事輯》，86頁），而另一弟子王永興認為陳治學並未繼承乾嘉，乃是「直接繼承宋賢史學並有所發展」（王永興：《陳寅恪史學的淵源和史學思想述略稿》，《學人》，第10輯，165-195頁）。兩位先生與陳寅恪的關係都超過陳的一般學生，他們也都有意識地追隨乃師的治學取徑，而所見竟大不相同，這確實說明「陳寅恪史學」的形象已「模糊」到何等程度。

趕超陳先生。近年學者似較多見其「文化觀」和「史識」之長，故願學陳之「史識」者愈眾（然其對「史識」的認知可能與陳的大不一樣），而向陳的「史料」積累方面努力的甚少。

實際上，陳寅恪是民國「新宋學」的傑出代表，而「新宋學」是在堅固的史料基礎上以史學詮釋的「幽玄高妙」見長。[2]趙元任回憶說，「寅恪總說你不把基本的材料弄清楚了，就急著要論微言大義，所得的結論還是不可靠的」。[3]可知陳先生治史的最終目的是在基本的材料弄清楚之後就要得出微言大義式的結論，這是近代「新宋學」與乾嘉「漢學」和傳統宋學的一大區別：乾嘉「漢學」也提倡以文字訓詁而見道，然多數學者只停留在訓詁的階段則大致不差；而「舊」宋學史著的一個代表是歐陽修的《新五代史》，正以剪裁見長，對此陳寅恪曾有明確的不同意見（詳後）。

多數史家大概都同意，史學區別於其他學科的主要特色是時間性，而其基礎是史料。傅斯年曾提出史學就是史料學的說法，他的見解常受人誤解，但其特別強調史料的重要，竊以為仍應引起今日治史者的關注。實際上，若「史料學」包括史料的搜集、整理、解讀和運用，還真是大體上涵蓋了史學的主要內容；其後兩者即史料的解讀和運用牽涉到一般所謂「史識」，相對來說更難，要求也更高。在陳先生看來，解讀和運用史料與史學表述直接相關，而史料的運用可以說是史學表述的核心因素，故他往往將往往將史料解讀與史學表述兩者合而並論。我不是研究陳寅恪的專家，以下僅就陳先生關於史料解讀及史學表述的一些看法略作探討，以就正於各位。

2　參見羅志田《「新宋學」與民初考據史學》，《近代史研究》1998年1期。

3　趙元任、楊步偉：《憶寅恪》，收入《談陳寅恪》，26-27頁。

一 史料與歷史詮釋

　　陳寅恪在治史方面最著名的大概是他提出了一種「瞭解之同情」的治史取向，他以為：「古人著書立說，皆有所為而發；故其所處之環境，所受之背景，非完全明瞭，則其學說不易評論。」一般讀者「有意無意之間，往往依其自身所遭際之時代，所居處之環境，所薰染之學說，以推測解釋古人之意志」，結果是「言論愈有條理統系，則去古人學說之真相愈遠」。實際上，舊時立說之人，受其語境影響，更時有其不得已的苦衷，未必能隨意說話。故「所謂真瞭解者，必神遊冥想，與立說之古人，處於同一境界，而對於其持論所以不得不如是之苦心孤詣，表一種之同情，始能批評其學說之是非得失，而無隔閡膚廓之論。」必具此「瞭解之同情，方可下筆」。[4]

　　這也不完全是新見，宋人呂祖謙已提出，「觀史當如身在其中，見事之利害、時之禍患，必掩卷自思：使我遇此等事，當作如何處之？」（《東萊先生遺集》卷十九《雜說》）陸機《文賦》開篇即云：「余每觀才士之所作，竊有以得其用心」。錢鍾書以為陸機所論「以己事印體他心，乃全《賦》眼目所在」。錢先生觀察到，史家所記昔人言論，有些明顯無出，也不可能有出處，蓋「非記言也，乃代言也」。如《左傳》中有些話不過是「左氏設身處地，依傍性格身份，假之喉舌，想當然耳」。作史者不得不「據往跡、按陳編而補闕申隱」，故「史家追敘真人實事，每須遙體人情，懸想事勢，設身局中，潛心腔內，忖之度之，以揣以摩，庶幾入情合理」。[5]

　　英國史家柯林武德後來也說，史家觀物，不應僅觀其表面，而是

4　陳寅恪：《馮友蘭〈中國哲學史〉上冊審查報告》，《金明館叢稿二編》，上海：上海古籍出版社，1980年，247頁。

5　錢鍾書：《管錐編》第3冊，1176頁；《管錐編》第1冊，165-166頁。

要深入進去洞察其內在的思想。要做到這一點，唯一的方法是在自己的心裏以當時人的規範習俗和道德觀念將此事批判地再思一遍。[6]所謂批判地再思，仍是力圖減少研究者個人取捨的傾向性。要做到這一點，當然不能像王陽明那樣面對竹子而「格物致知」，更必須如陳寅恪所強調的，「證釋古事者，不得不注意其時代限制」。[7]史學的一大特點即時間的隔離，由於時代環境以及立說者意圖的不同，同樣的詞語所表達的意思也可能有很大的不同。故魯迅在20世紀初年提出，欲以今知古，必須「自設為古之一人，返其舊心，不思近世，平意求索，與之批評，則所論始云不妄」。[8]所謂「返其舊心，不思近世」，就是既要時代相隔的今昔之人能心態相通，又要儘量排除詮釋者個人及其時代無形中形成的思維模式和觀察傾向，這樣才易於和昔人「處於同一境界」。

本來後人讀前人作品有一大優勢，即具有「後見之明」，常可避免「當局者迷」的弊病。但這一優勢須慎用之，否則便可能像崔述所見：「後世之儒所以論古之多謬者，無他，病在於以唐宋之事例三代，以三代之事例上古」。若能將古人置於其當時所在的語境中去理解，「知上古自上古，虞、夏自虞、夏，商、周自商、周，則經傳之文皆了然不待解」。[9]今日有人據後起的觀念從白居易的詩中讀出他是個「老流氓」的形象，[10]其實陳寅恪早就指出，「唐士大夫之不可一日無妾媵之侍，乃關於時代之習俗，自不可以今日之標準為苛刻之評

6　參見柯林武德《歷史的觀念》，242-250頁。

7　陳寅恪：《元白詩箋證稿》，上海：上海古籍出版社，1980年，167頁。

8　魯迅：《科學史教篇》，《魯迅全集》，（1），26頁。

9　崔述：《崔東壁遺書》，上海：上海古籍出版社，1983年，32、47頁。

10　舒蕪：《偉大詩人的不偉大一面》，《讀書》1997年3期；並參見羅志田《「詩史」傾向及怎樣解讀歷史上的詩與詩人》，收入其《二十世紀的中國思想與學術掠影》，285-297頁。

論」。[11]若以唐言唐，此正極尋常之事也。

為了做到不逾越昔人之「時代限制」，陳寅恪特別提出，「解釋古書，其謹嚴方法，在不改原有之字，仍用習見之義。故解釋之愈簡易者，亦愈近真諦。並須旁採史實人情，以為參證」。[12]「不改原有之字」這一點尤應引起今日學者的重視，傅斯年在論證中國古代嚴格說「沒有哲學」而只有「方術」時強調，「用這個名詞，因為這個名詞是當時有的，不是洋貨」，而「是他們自己稱自己的名詞」。古代「方術論者」所討論的問題「多是當年的問題，也偶有問題是從中國話的特質上來的」；若「把後一時期、或別個民族的名詞及方式來解他，不是割離，便是添加」，皆不能用。[13]以近代中國為例，當我們將「現代化」或類似的「歷史任務」加諸近代人物並據此觀察他們之時，可能已經疏離於當時「習見之義」所反映的「當年的問題」了。[14]今人不能離今世，故史家面臨的現實是不能不運用後起概念作為詮釋歷史的工具，但更必須強調以歷史當事人的時代關懷和當時的概念工具為基礎。

陳先生所說的「旁採史實人情」也同樣重要。這在中國還有更久遠的傳統，陳寅恪所說的「神遊冥想」，略近於孟子提出的「以意逆志」法（詳後）。惟以己意逆他人之志，實即以今人之心度昔人之

---

11 陳寅恪：《元白詩箋證稿》，88頁。

12 陳寅恪：《「薊丘之植，植於汶湟」之最簡易解釋》，《金明館叢稿二編》，262頁。

13 傅斯年致胡適，1926年8月18日，收入耿雲志編《胡適遺稿及秘藏書信》，37冊，357頁。

14 與此相類，近年有學人感到過去說得較多的「中西」之分不能充分詮釋近代中國思想，而試圖代之以「現代性」一類概念。既存研究中慣用的中西之分觀念確實過於籠統，當時許多人眼中的「中國（東方）」與「西方」等概念的具體指謂也相當不同，但「中西」之分畢竟是當時人的用語，也的確是近代士人的實際關懷所在，至少他們關懷中國（東方）與西方的關係遠遠超過不論怎樣界定的「現代性」。

腹，故在運用這一方法讀史料時，特別要注意逆志不可憑空而逆。孟子自己提出的方法是「論世以知人」。他以為，要真正瞭解古人到可以交朋友的程度，不僅要「頌其詩，讀其書」，更要「知其人」，而「知人」的方式就是「論其世」（《孟子・萬章下》）。我的理解，「論世」的範圍可以寬到社會文化的深層結構，也可以窄到一事一書一言一語之前後左右。只有在此基礎上進行史實考訂，才能獲得一個更接近原狀也更全面的動態歷史形象。

　　類似的取向西人其實也早就在提倡，從佛洛德到拉康，都十分注意由（可能是無意的）語言表述去深入分析人的意識與潛意識。西人近年更將前後左右讀書方法發展為各種系統的理論，專講文本（text，人與事也可視為文本）和語境（context）的互動關係。[15]沈曾植所說的前後左右之書即在一定程度上構成語境；語境一明，文本的理解就容易得多了。錢鍾書後來主張，「觀『辭』（text）必究其『終始』（context）」。這裏所譯的「終始」，即今日翻譯西方文論中所謂的「語境」，大體即錢先生所說的「上下文以至全篇、全書之指歸」。[16]

　　今日言語境者多存一似乎不言自明的預設，即語境是現成地擺在那裏，只需參照即可。實際上，在很多情形下，語境本身首先就需要重建。已知的前後左右之書只構成語境的一部分，約略相當於我們言說中的典故，多是現成的或稍加考察即可明瞭的。但要與昔人會通，只知此類典故是不夠的。陳寅恪論《哀江南賦》的詮釋說：歷代解釋者「雖於古典極多詮說，時事亦有所徵引，然關於子山〔庾信字〕作賦之直接動機及篇中結語特所致意之點」則很少涉及；這是因為他們

---

15 這方面理論甚多，但從史學角度講得最為切近的，大概還是劍橋大學的Quentin Skinner。其主要論述均收在James Tully, ed., *Meaning and Context: Quentin Skinner and his Critics*, Princeton University Press, 1988.

16 錢鍾書：《管錐編》第1冊，169-170頁。

「止限於詮說古典，舉其詞語之所出，而於當時之實事，即子山所用之『今典』，似猶有未能引證者」。所謂「今典」，即「作者當日之時事」。對詮釋者來說，「解釋詞句，徵引故實，必有時代斷限。然時代劃分，於古典甚易，於『今典』則難」。必須要考定某事發生在作者的時代，且須具體到發生於作者特定的立說之前，又要推得作者對此事有聞見之可能、可用入其文章，然後可以用以詮釋該作者之文。[17]

換言之，要先考證出語境，而後據之以詮釋文本。不僅「今典」需要重建，即使語境的既存典故部分，很多時候也還有重建的需要。不過，由於時間的隔離，史學所研究的具體對象，不論文本、語境以及可用於重建語境的史料，始終是不完整的，甚至只是枝節片段。陳寅恪指出：「吾人今日可依據之材料，僅為當時所遺存最小之一部，欲藉此殘餘斷片以窺測其全部結構，必須備藝術家欣賞古代繪畫雕刻之眼光及精神，然後古人立說之用意與對象，始可以真瞭解。」[18]故「瞭解之同情」研究取向的前提，即承認研究者的認識能力及其可據材料都是有限的。在這樣的情形下仍要尋求「真瞭解」，不僅要「論世」以「知人」，更不能不「以意逆志」，像清人汪中論讀書之「鉤深致隱」所說，「於空曲交會之際以求其不可知之事」。

孟子提出的「以意逆志」，是中國讀詩、讀經以至讀書的重要傳統方法之一，朱熹便明言「此是教人讀書之法」。尤其孟子所說的「不以辭害志」（《萬章上》）的「志」，是詩作者之所欲言，即朱子所謂的「設辭之志」，也就是作者在特定時刻的心意所指。言為心聲是蜀人揚雄的老話，但怎樣因「言」及「心」卻大有講究。朱子詮釋「以意逆志」說：「逆是前去追迎之意」，以意逆志就是「將自家意思

---

17 參見陳寅恪：《讀〈哀江南賦〉》，《金明館叢稿初編》，上海古籍出版社，1980年，209頁。

18 陳寅恪：《馮友蘭〈中國哲學史〉上冊審查報告》，《金明館叢稿二編》，247頁。

去前面等候詩人之志來」，也就是「自家虛心在這裏，看他書道理如
何來，自家便迎接將來」，這樣才能「自然相合」。[19]這裏所說的「虛
心」是其本意，約略即西人所謂「心靈開放（open mind），而非今日
謙遜之義。魯迅以為：「凡人之心，無不有詩。如詩人作詩，詩不為
詩人獨有。凡一讀其詩，心即會解者，即無不自有詩人之詩。無之何
以能解？惟有而未能言，詩人為之語，則握撥一彈，心弦立應。」[20]
所謂心中本有詩，撥輒立應，大約總要心態先相同或接近，然後可產
生共鳴。合而言之，要做到「自然相合」，大約總要心中有詩，又虛
心迎候，才易達此境。

杜甫嘗歎謂「文章千古事，得失寸心知」。從積極一端看去，千
古後亦可知前人，終非不可為；然千古寸心，知音者難覓也可以想
見。這牽涉到一個更根本的問題，孟子（以及杜甫）所主張的取鄉背
後隱伏著一個大判斷：今昔之人的共性超過了其個性，或古今人之間
可以有一種「人同此心，心同此理」的共鳴。然而進一步的問題是，
人類或今昔人的共性在多大程度上超過了其個性？從今日文化人類學
的視角看，每一個體或每一縱橫「文化」之個性的重要恐怕不讓人類
與今昔人的共性。故以今日之寸心而欲「知」千古之舊事，這個尺度
是極難把握而又不能不把握的。

西人也認為，從某種程度上說，理解今人和理解古人的關係呈現
著某種弔詭意味：一方面，我們基本能理解與我們相像的事物；另一
方面，理解「他人」（the other）卻必須拋棄我們自己的先入之見，把
「他人」確實當做「非我」來理解。[21]即使對同一文化系統內的今人

---

19 朱熹：《朱子語類・〈孟子〉八》，王星賢點校，第4冊，1359頁；《四書章句集注・
孟子》本條。

20 魯迅：《摩羅詩力說》，《魯迅全集》（1），68頁。

21 參見保羅・利科：《法國史學對史學理論的貢獻》，上海：上海社會科學出版社，
1992年中譯本，44頁。

來說，昔人實際已是「非我」，故今昔「中國」人實亦可說是屬於不同的「文化」。在變動大的時段，有時候不過幾十年，先後之人已少有真正「共同」的語言（近代就是這樣一個時段）。要像讀外文一樣，按照其特定的語法和表達習慣去解讀昔人的言說。[22]

注重「今典」的「瞭解之同情」治史取向無疑是20世紀以考據為基礎的中國新史學的一個重要創獲，但陳先生也指出，「此種同情之態度，最易流於穿鑿附會」。因此，主觀上努力與昔人心態相通仍須落在實證之上，也欣賞《左傳》的葉德輝認為：左氏兼盡文章、傳記之能，「於聖人筆削褒貶之心可以因事證明，得其微旨」。[23]朱熹曾說：「屈原之賦，不甚怨君，卻被後人講壞」。章學誠以為此語「最為知古人心」。[24]我們對古人既要有「瞭解之同情」，也要避免因「自作多情」而把前人「講壞」。這就必須以實證方式「因事證明」，然後可「得其微旨」。

由此看來，研究歷史比較穩妥的方法，也許還是在承認今昔有所不同的基礎上，自設為特定時間特定地域的昔人，通過人的共性，返其舊心，以意逆志，論世以知人，從前後左右去讀書（人與事也是書），首先讀出昔日的前後左右來，然後從昔日的前後左右讀之，借共性以知其個性，才約略可接近昔人的心態，以再現昔人立說時的場合情景，特別是思想言說的語境，重建當時人思想的規範習俗，探索立說者當下的各種寫作意圖（包括寫作的意圖和寫作時那一刻的意圖），或有可能領會特定人物在特定時刻的心意所指，從而真正讀懂

---

22 參見Clifford Geertz, *The Interpretation of Cultures*, New York: BasicBooks, 1973, chaps. 1, 3; J.G.A. Pocock, *Politics, Language and Time*, New York: Athenaeum, 1971, chaps. 1, 7.

23 楊樹穀、楊樹達記，崔建英整理：《郋園學行記》，《近代史資料》總57號（1985年4月），111頁。

24 章學誠：《史考摘錄》，收入倉修良編《文史通義新編》，339頁

昔人言論所蘊涵的意思，庶幾可以接近歷史的原狀。[25]

二 史料與表述

「表述」是學術研究中至為重要的一個環節，就連主張「道可道，非常道」的老子也還寫下五千言，今日把自己研究所得陳述出來就正於同人更是「學術」的一個不可或缺的組成部分。蘇軾曾說：「求物之妙，如繫風捕影。能使是物了然於心者，蓋千萬人而不一遇也；而況能使了然於口與手者乎！是之謂『辭達』。」這裏關於「了然於心」和「了然於口與手」兩個境界的區分是實踐中悟得的見道之解，一般隨口論文者絕對見不及此。實際上達到第一層境界已非常難，而從「了然於心」到「了然於口手」的距離可以是相當長的，有時達到前一境界者未必就能達到後一境界；熊十力對此體會極為深刻，他晚年曾告訴劉述先的父親，有時即使心裏想通了，氣不足也寫不出來（大意）。這就意味著「寫」或「表述」不是將思想（或知識，或別的什麼）的一個完整的已知部分簡單輸出而已，它根本就是思想或知識的一個待完成的組成部分；換言之，一個學術觀點在表述之前並不「存在」，是表述使它完成、使它存在。

哈佛大學的俄國史大家派普斯（R. Pipes）甚至說他僅將25%的時間用於研究，而75%的時間用在寫作時斟酌如何表述之上。這一時間的分配比例不必適用於任何人，但他對「寫」的重視程度卻值得我們注意。日本著名中國史專家宮崎市定認為史學分為四大段落，即史料、理解、評價及表現，在他看來，「對歷史事實理解的深淺、興趣

---

25 參見前引Skinner的論述及John Dunn, "The Identity of History of Ideas," *Philosophy*, vol. 43(1968), pp. 85-104.

的所在、以及評價的大小，都直接反映在表現的巧拙上。文章並不是只印在紙上的墨蹟，而必須是用來說非說不可的話的語言」。[26]「非說不可」一語充分凸顯出表述的重要和必要。

同時，表述的方式也直接影響到整體的學術研究，以史學為例，用論文或專著來表述研究成果的所謂「現代」研究方式，最容易使人試圖把人或事表述得「完整」，甚至通常還要「評價」。結果造成我們史學表述的一個顯著特徵，即空論日多而實證漸少。[27]這樣，史學這一學科的發展無形中受到表述方式的制約，最可見表述之不能忽視。

另外，學術表述也直接影響到社會對學術的接受，胡適曾從此角度觀察晚清社會對廖平、康有為二人的不同接受：一般都知道康有為在觀念上採用了廖平的創見，但胡適發現，兩人「同治今文學，康的思路明晰、文筆曉暢，故能動人；廖的文章多不能達意，他的著作就很少人能讀了」。因此，「文章雖是思想的附屬工具，但工具不良，工作也必不能如意」。[28]以讀者的接受程度來判斷文字是否「達意」，這是努力面向大眾的胡適創出的新見，主張「文章千古事，得失寸心知」的杜甫恐怕就未必同意，但胡適的見解提示著孔子關於「言而不文，行之不遠」的古訓仍具指導意義。

陳寅恪在表述方面似不算特別成功，錢穆曾指出，陳寅恪的學術文章往往「臨深為高，故作搖曳」，太多「迴環往復之情味」；而行文亦「冗沓而多枝節，每一篇若能刪去十之三四始為可誦」。[29]胡適也認為，「寅恪治史學，當然是今日最淵博、最有識見、最能用材料的

---

26 宮崎市定：《中國的歷史思想》，《歷史：理論與批評》，創刊號（1999年3月），113-137頁。此文承劉龍心小姐複印賜下，特此致謝。

27 說詳本書《學術與社會視野下的二十世紀中國史學》。

28 胡適：《科學的古史家崔述》，收入《崔東壁遺書》，976頁。

29 《錢賓四先生論學書簡》，收在余英時：《錢穆與中國文化》， 230-231頁。

人。但他的文章實在寫的不高明」。[30]可知陳寅恪論學風格多「牽纏反覆」（亦錢穆語）的確是許多人的共識。然而，陳先生述學風格如此，還有其「不得不如是之苦心孤詣」，同時也半是有意為之；前者即其所謂「君為李煜亦期之以劉秀」，後者則是他認為「史之能事」不過「整理史料，隨人觀玩」的主張，以下分別試論之。

近代中國長期屈辱，士人多見不如意事，陳氏曾自謂中國近代形勢「如車輪之逆轉，似有合於所謂退化論之說」。[31]而他又暗存「史學報國」之心，故其對中國文化基本如其在《王觀堂先生挽詞・序》中所說，是以「君為李煜亦期之以劉秀」的方法待之，注重的是「抽象理想之通性」；[32]這大概即是其對吳宓所說「情之最上者，世無其人，懸空設想，而甘為之死」的寓意。[33]陳先生治學的這一傾向，似尚未引起足夠的注意。

季羨林先生詮釋「君為李煜亦期之以劉秀」說應得陳氏本心，他指出，人君乃是「一個符號，一個象徵，他象徵的是文化，象徵的是國家」。陳寅恪之《王觀堂先生挽詞・序》一文頗多夫子自道意味，論者已屢及。陳先生在此序中將中國文化定義為漢儒之三綱六紀說，而理想抽象之綱紀，必依託於有形之社會經濟制度。季先生以為，社會經濟制度「總起來就是國家。文化必然依託國家，然後才能表現」。[34]這一引申甚有見地，在中外「國家」層面競爭不利的情形下，

---

30 胡適：《胡適的日記》，1937年2月22日，北京：中華書局，1985年，下冊，539頁。

31 陳寅恪：《讀吳其昌撰〈梁啟超傳〉書後》，《寒柳堂集》，上海：上海古籍出版社，1980年，150頁。

32 陳寅恪：《王觀堂先生挽詞・序》，《陳寅恪詩集》，10頁。

33 轉引自吳學昭：《吳宓與陳寅恪》，北京：清華大學出版社，1992年，15頁。

34 季羨林：《陳寅恪先生的愛國主義》，收入《〈柳如是別傳〉與國學研究》，浙江人民出版社，1995年，4頁。但季先生接著說「因此，文化與國家成為了同義詞」，似又引申稍遠，與原意或不甚合。寅恪平生立說審慎，用字考究，解讀宜慎。季先生後

又不能承認文化也已「失敗」，除強調「抽象理想之通性」外，夫復何言！

在這方面與陳寅恪並稱「史學二陳」的陳垣態度尤更鮮明，他曾明確提出：「史貴求真，然有時不必過泥。凡事足以傷民族之感情、失國家之體統者，不載不失為真也。」[35]到1946年再申，「凡問題足以傷民族之感情者，不研究不以為陋。如氏族之辨、土客之爭、漢回問題種種，研究出來，於民族無補而有損者，置之可也」。[36]陳垣並就陳振孫《直齋書錄解題》講到古者賜姓重別而後世賜姓重合一條評論說：「今又與直齋之時異矣。昔之言氏族者利言其別，所以嚴夷夏之防；今之言氏族者利言其合，然後見中華之廣（原本為「今之言氏族者利言其混，然後見中華之大」）。固不必穿鑿傅會，各求其所自出也。」[37]最後一句特別表出史為時用之意，與前論「史貴求真」一條所述正相表裏。[38]

來說「陳先生之意，所依託者一旦不能存在，文化也不能存在」；這也只能在陳氏原話的社會經濟制度上言，若以國家言，則未必然。陳氏在此序中明確說中國「自道光之季，迄乎今日，社會經濟之制度，以外族之侵迫，致劇疾之變遷；綱紀之說，無所依憑，不待外來學說之掊擊，而已銷沉淪喪於不知不覺之間」。此時國家當然是存在的。他不久後更說，「今日國雖倖存，而國史已失其正統」（《吾國學術之現狀及清華之職責》，《金明館叢稿二編》，317頁），都是類似的意思。

35 陳垣：《通鑑胡注表微·邊事篇第十五》，北京：科學出版社，1958年，286頁。按此條有改動，原在《輔仁學報》刊發時為：「史貴求真，然有時不必過真。凡事足以傷民族之感情、失國家之體統者，不載不失為真也。《春秋》之法：為尊者諱，為親者諱。子為父隱，為尊者諱也；父為子隱，為親者諱也，直在其中矣。六經無真字，直即真字也。」其實刪去部分在20世紀50年代也不算太「落後」（不過以《春秋》為據而已），然援庵固極謹慎也。

36 陳垣致陳樂素，1946年6月23日，《陳垣來往書信集》，697頁。

37 陳垣：《通鑑胡注表微·考證篇第六》，119頁。

38 傅斯年在論及史學是否應當「揚歷史之光榮」時則取非常不同的態度，他主張「學問之道，全在求是。是在所在，不容諱言其醜。今但求是而已，非所論於感情」。參見傅斯年：《中國歷史分期之研究》，收其《史料論略及其它》，200頁。不過真到

　　陳寅恪自己在《唐代政治史述論稿》中提出，中外競爭中有時中方勝利不過因外族本身先已衰朽，而「國人治史者於發揚讚美先民之功業時，往往忽略此點，是既有違史學探求真實之旨，且非史家陳述覆轍以供鑑誡之意」。故其對此「特為標出之，以期近真實而供鑑誡」。這裏重要的是表露了陳關於史學和史家的見解，即「史學」之旨在「探求真實」，雖然恐怕只能「近真實」；而「史家」則不妨「陳述覆轍以供鑑誡」，在不違背史學戒律的前提下為現實服務。其關於史學和史家的區分非常要緊，學為求真，其本身未必能為現實人生服務；生活在現實中的具體學人則有改變世風的道義責任（在寫《唐代政治史述論稿》的抗戰時即有鼓舞民氣之責），但只能在不違背史學戒律的前提下（如通過研究範圍或題目的選擇等）為現實服務。

　　余英時先生論陳寅恪說，「古今中外可以稱得上『偉大』兩字的史學家幾乎未有不關懷現實、熱愛人生的，雖則『關懷』與『熱愛』並不是構成史學家的充足條件」。[39]陳寅恪這樣的史家既要關懷現實，其所面對的現實又恰是中國的國勢衰微，徒事歌頌而不陳述覆轍則既有違史學求真之旨，亦難以供鑑誡之用；太多陳述覆轍又可能傷及民氣，實感兩難。既已存「君為李煜亦期之以劉秀」的心態，又不能不堅守學術戒律，故總要「牽纏反覆」，始覺能盡其所欲言及其所不能不言，這或者便是陳先生自己所說的「不得不如是之苦心孤詣」吧。

　　了國難之時，他的態度仍有所變，在「九一八」後從民族主義立場出發倉促趕出頗受苛責的《東北史綱》第一卷，便是一例。

39　余英時：《陳寅恪晚年詩文釋證・陳寅恪的學術精神和晚年心境》，28頁。我曾為茅海建兄的《天朝的崩潰》撰一書評，頗對其將現實關懷直接摻入史著表不同看法；文成而有學人以為過於苛求，久未敢刊佈，數年後經茅兄自己推薦而發表。今日頗有不怎麼讀書而刀下專斬有名之將者，亦對該書隨意痛下褒貶，論者以為即步區區之後塵也，聞之頗感愧疚！夫茅兄曾受教於中山大學歷史系，即試圖追步陳寅恪而嚮往成為「偉大」史家之一人也。其「關懷現實、熱愛人生」之情每溢於言表，雖稍於史學戒律不合，又何足怪哉！又何必怪焉！

　　前引陳寅恪所說的「今日可依據之材料，僅為當時所遺存最小之一部」，而後人只能「藉此殘餘斷片以窺測其全部結構」一段，意味著承認研究者的認識能力及其可據材料，都是有限的。不論歷史現象本身是否黑白分明，這種雙重的有限使我們對歷史的認知其實也相對有限。已逝的史事既然未必充分可知，則我們重建出的史實若過於界限清晰，反可能是「言論愈有條理統系，則去古人學說之真相愈遠」。[40]

　　王國維曾提出：「天下之事物，非由全不足以知曲，非致曲不足以知全。雖一物之解釋、一事之決斷，非深知宇宙人生之真相者，不能為也。而欲知宇宙人生者，雖宇宙中之一現象、歷史上之一事實，亦未始無所貢獻。故深湛幽渺之思，學者有所不避焉；迂遠繁瑣之譏，學者有所不辭焉。」[41]所謂學者不避「深湛幽渺之思」、不辭「迂遠繁瑣之譏」，或即主張為了瞭解「真相」，不妨在表述的流暢方面讓步。

　　陳寅恪更明確主張，「講歷史重在準確，不嫌瑣細」；[42]他在1928年對陳守實說：「整理史料，隨人觀玩，史之能事已畢；文章之或今或古，或馬或班，皆不必計也。」[43]後者或是謙退之辭，或是針對初入道者的特別提醒，然亦有所指；前者確實是陳先生論著的寫作風格，其史學論著中直引史料所佔的篇幅皆遠過於他自己的論述。故此語雖不長，其實相當重要，提示著陳先生治史的一個基本原則，值得認真體味。我猜想，陳先生主張詳盡地排比史料可能有兩個重要的考慮。

40　陳寅恪：《馮友蘭〈中國哲學史〉上冊審查報告》，《金明館叢稿二編》，上海：上海古籍出版社，1980年，247頁。

41　王國維：《國學叢刊序》，《觀堂別集》（《王國維遺書》，第4冊）卷4，9頁。

42　蔣天樞：《陳寅恪先生傳》，《文獻》，第20輯（1985），151-152頁。

43　陳守實：《學術日錄》，1928年舊曆1月5日，收入《中國文化研究集刊》，第1輯，上海：復旦大學出版社，1984年，422頁。

　　一是歷代讀書人之表述各有其時代風格,與今日的敘述方式已相當不同,且時人的言說雖自有其共性,各人亦有其特定的習慣和風格。這樣,有時文字稍易便指謂不同,故凡轉述(paraphrase)不致失真時則轉述自無不可,若轉成第三者敘述可能走樣或失真(因而有可能造成無意識的「曲解」)時,也許還是直接引述、讓當事人自己說話更合適。

　　二是不同史家對史料的解讀可能相當不同,若僅僅引用一二「關鍵」語句並據此立論,讀來當然更覺通暢(coherent)明晰,但無意中便使作者對史料的解讀具有「壟斷」意味,在一定程度上排斥了眾多讀者(特別是非專業讀者及雖專業但非專治此題的讀者)對某一具體題目的參與;若將相關史料較詳盡地排比出來,雖仍有作者的剪裁、處理等傾向性在,到底可以讓讀者有更多參與的餘地,可據史料而判別作者立言是否偏頗。歷來學者多希望某事由其「論定」,多少有些「專制」傾向;而陳先生則在立言後邀請大家來參與「論定」,學術研究成為一個開放的發展進程,實更具「民主」的意味,此或即其「隨人觀玩」一語意之所在乎?

　　在這方面,身為近代「新宋學」代表之一的陳寅恪顯然欲與以剪裁見長的「舊」宋學史著有所區別。吳汝綸曾對有意翻譯歐洲史的嚴復說,「文無剪裁,專以求盡為務,此非行遠所宜」,亦不足法。[44]而陳寅恪提倡的「講歷史重在準確,不嫌瑣細」恰針鋒相對,是知其所謂「文章之或今或古,或馬或班,皆不必計」,實有所針對。

　　顧頡剛的主張就稍不同,他在1923年論整理材料說:「把收集的材料歸納起來,盡了分類的能事去處置它們(一件材料盡可互見幾十類),使得它們的性質可以完全表顯出來。材料有了,性質也知道

---

44 吳汝綸致嚴復,1899年4月3日,收入王栻主編:《嚴復集》,第5冊,1565頁。

了，就可加上批評，說明它們承前的原因是什麼，當時的位置是怎樣，傳到後來的影響又是怎樣。各種的關係都明白了，才可拿來與古今中外同類的思想學術相比較，看出他們彼此的價值。」[45]我們如果看看顧先生當時的學術論著，便可發現「批評」所佔的篇幅甚多，引用史料亦以轉述為主，極少大段的直接徵引。與陳先生的史著比較起來，未曾出洋留學的顧先生的風格顯然更合於「現代」史著。

而顧先生大學時的好友傅斯年卻更接近陳寅恪，曾提出「史學即史料學」的傅斯年說：「我們反對疏通，我們只是要把材料整理好，則事實自然顯明了。一分材料出一分貨，十分材料出十分貨，沒有材料便不出貨。兩件事實之間，隔著一大段，把他們聯絡起來的一切涉想，自然有些也是多多少少可以容許的；但推論是危險的事，以假設可能為當然，是不誠信的事。所以我們存而不補，這是我們對於材料的態度；我們證而不疏，這是我們處置材料的手段。材料之內使他發見無遺，材料之外我們一點也不越過去說。」[46]我們如果看傅先生的作品，特別是其著名的《性命古訓辯證》，何嘗沒有「疏通」和「推論」，但他深知對後者的提倡可能導致詮釋與史料的脫節，故極諱言之。[47]故陳先生所說的「整理史料，隨人觀玩，史之能事已畢」，大概

45 顧頡剛：《我們對於國故應取的態度》，《小說月報》14卷1號（1923年1月），4頁。

46 傅斯年：《歷史語言研究所工作之旨趣》，收其《史料論略及其它》，47頁。

47 歷來學力識力高於同時代一般學人較多者，其提倡「眾人」做的多與其自身實際所做的有些區別，蓋學力或憑積累，識力往往靠解悟，實難摹仿。故對提倡性的發凡起例要特別謹慎，尤其是對學界有影響者應注意。章太炎對諸子學的態度轉變可為別證，太炎在1909年尚認為「甄明理學，此可為道德之訓言，不足為真理之歸趣，惟諸子能起近人之廢」，故其與國粹學派中人相當看重周秦諸子學。但他當時已指出，若「提倡者欲令分析至精，而茍弄筆札者或變為倡狂無驗之辭」（章太炎：《致國粹學報社書》，1909年11月2日，湯志鈞編：《章太炎政論選集》，上冊，498頁）。到其晚年在蘇州辦國學講習會時則注意到，過分強調講究義理的諸子學的確造成了避實就虛的負面影響，以為「諸子之學，在今日易滋流弊」，只能少講，故其課程

也可說是傅先生所謂「史學即史料學」的一種別解。

可以說，陳先生為文的「牽纏反覆」無意中或因「君為李煜亦期之以劉秀」的心態所致；同時不可忽視的是，陳先生在意識層面恐怕確有讓代表不同見解的相關史料畢呈於讀者之前以「隨人觀玩」的深切用心。兩者結合在一起，便形成了陳氏獨特的學術論述風格。其實陳先生的序文、審查報告一類便明顯無此風格，這些文章仍多為論學之作，卻基本取點到為止的手法，尤可證其長篇論著中「牽纏反覆」實乃有意為之。

多數作者都希望寫出流暢清通的文字，陳寅恪當然不是立意提倡史學表述要追求縈繞和史學印證應儘量瑣細，他和王國維不過在條理統系和繁冗瑣細之間發生衝突時寧取後者，以期儘量「準確」而接近「真相」（或許還希望藉此表示對讀者的尊重並發出歡迎其參與的邀請）。這樣理解陳先生的史學表述究竟可說是「瞭解之同情」還是「自作多情」，尚待方家指正，本文不過是名副其實的臆測之解，聊備一說而已。

（原刊《文史知識》2001年6期、2002年4期）

設置「以經為最多」（章太炎復李續川書，引在屬鼎煃：《章太炎先生訪問記》，《國風》（南京），8卷4期（1936年4月），132頁）。

史義的探索

不改原有之字以開啟「相異的意義體系」

──舊文新解二則

　　一般治史者感覺特別困難的，即所謂今古之隔。而今人之所以難解昔人，主要還因時代的變遷。在近代西潮衝擊造成中國激變以前，論者多認為秦漢之際的變化最為劇烈和巨大。杜亞泉即說，「吾國思想界，於戰國時代，最為活動。秦漢以後，迄於近世，無甚變遷。一則以孔孟之思想，圓滿而有系統；後來發生之新思想，不能逾越其範圍。二則專制政體之下，往往以政治勢力，統一國民思想，防遏異思想之發生」。[1]

　　在尚變趨新而嚮往「進化」的近代中國，兩千年不變實意味著「停滯不前」。這類觀念大概最初是由傳教士帶入中國（其背後的思想支柱則是黑格爾等認為中國無歷史那樣的西方中心觀），後由中國讀書人自己傳播，在得到「筆鋒常帶情感」的梁啟超表述後則廣泛傳播，漸成思維定式。這樣一種把傳統「講壞」的傾向濫觴於清季，普及於民初，[2]連一般視為「守舊」象徵的杜氏也不能免。儘管大量讀書人基本接受兩千年無甚變化的觀念，但多用於接近「宣傳」的思想

1　杜亞泉：《論思想戰》，《杜亞泉文選》，田建業等編，上海：華東師範大學出版社，1993年，168頁。
2　參見羅志田：《中國傳統的負面整體化：清季民初反傳統傾向的演化》，《中華文史論叢》第72輯（2003年4月）。

表述，在實際治學中，似少見以此思路來處理歷史研究中的今古之隔，許多人還是感到解釋古事的不易。

胡適在1931年底完成《〈醒世姻緣傳〉考證》，自認此文「可以做一個思想方法的實例」，故本著「要把金針度與人」的心態，將其考證的過程詳細寫出，「給將來教授思想方法的人添一個有趣味的例子」。他強調，要「保持歷史演化的眼光，認清時代思潮的絕大勢力；無論多麼偉大的人物，總不能完全跳出他時代的思想信仰的影響」；但「歷史演化的眼光」同時也意味著尊重研究對象的「時代思想信仰」，凡是當時人「真相信」的觀念（如因果報應）及其真正遵守的社會信條（如最重體面），「都是那個時代的最普遍的信仰，都是最可信的歷史」，故「不可用二十世紀的眼光去批評」十七世紀的前人。[3]

《醒世姻緣傳》的作者用因果報應觀念來解釋不成功而又不能拆散的婚姻，即因為「因果的理論的本身也就是那個時代的社會生活的最重要部分」。胡適特別提醒後之治史者說，書中「最不近情理處，他的最沒有辦法處，他的最可笑處，也正是最可注意的社會史實」。正因為有許多後人感覺「不近情理」、「沒有辦法」及「可笑」之處，才體現出該書「真是一部最有價值的社會史料」。這是胡適長期治學中體會出的見道之解，尤其是他從昔人的「觀念」中看出「社會史實」的方法予人以啟迪，後來受人類學影響的歐美新文化史研究取向便與此頗有些接近。

美國著名史家丹屯（Robert Darnton）素來提倡思想史的社會研究取向，主張以人類學的田野調查方法來讀檔案。他說，從事人類學田野工作的人從來明白：他人就是他人，「他們並不像我們一樣思

3　本段與下段，參見胡適：《〈醒世姻緣傳〉考證》，收入《胡適論學近著》，258-297頁。

考」。實際上，兩百年前的歐洲人便和今日歐美人的思想和感覺不同。對昔人頗有啟示性的諺語，今人可能難以索解。18世紀法國諺語書中皆有「流鼻涕者便擤鼻涕」（He who is snotty, let him blow his nose）的條目，這對今人似無甚意義。然而，「當我們無法理解一個諺語、一個笑話、一項禮儀，或一首詩時，我們便知道自己正觸及某些事物。選取文獻最使人難以索解的一面進行考索，我們或許可以開啟一個相異的意義體系。沿此線索，甚至可能進入一個奇異而美妙的世界觀。」[4]

這裏最值得注意的就是明確異代之人的「他人」地位，同時又努力避免因「後見之明」而誤解前人。王汎森在討論近代中國「思想資源」與「概念工具」的轉變時，曾引用了年鑑學派史家費夫爾（Lucien Febvre）對拉伯雷（Rabelais）的研究；為弄清拉伯雷究竟是「不信者」或只是像伊拉斯莫斯（Erasmus）那樣的基督教人文主義者，費夫爾發現，16世紀並不存在「絕對」（absolute）、「相對」（relative）、「抽象」（abstract）、「因果」（causality）等字眼，所以當時的「思想資源」並不足以產生決然「不信」的概念。[5]

如果不回歸到當時人的思想資源和概念工具之中，我們所思考和「解決」的問題可能根本與昔人無關；不論是正面的「重建」和負面的批評，表述出來的都可能不過是一種「想像」出的「傳統」而

4　Robert Darnton,*The Great Cat Massacre and Other Episodes in French Cultural History*, New York: Vintage Books,1985, pp. 4-5; 並參見其 "The Social History of Ideas," in idem, *The Kiss of Lamourette: Reflections in Cultural History,*New York: Norton, 1990, pp. 219-52.

5　Lucien Febvre, *The Problem of Unbelief in the Sixteenth Century, the Religion of Rabelais*, trans. Beatrice Gottlieb, Cambridge, Mass.: Harvard University Press,1982, 354-79;參見王汎森：〈「思想資源」與「概念工具」——戊戌前後的幾種日本因素〉，《中國近代思想與學術的譜系》，石家莊：河北教育出版社，2001年，158頁。

已。[6]但長期以來都存在不甚關注昔人所處時代及個人境遇，而以後代思想資源和概念工具來反觀前人者。中國校勘之學素稱發達，此風在校勘古籍中也表現得最明顯。顏師古在唐代便注意到時人「以意刊改」舊籍的現象：「古今異言，方俗殊語。末學膚受，或未能通；意有所疑，輒就增損」。[7]

此所謂「古今異言，方俗殊語」，已同時關照到時空兩方面的言語差異，略具今日西方新文化史兼從時空二視角處理「他人」的眼光。唐代譯佛經之風頗盛，顏氏有此認知，說不定也受到當年「譯學」的影響。儘管昔人言說不啻「異言殊語」，也只有末學而膚受者，才「或未能通」；若學力高領悟深者，應當可以打通這時空間隔而與昔人「心通意會」，約即司馬遷所謂「好學深思，心知其意」也。

孟子主張論世以知人，亦大致述說此意。[8]章學誠甚至將其提高到「文德」的程度，其所說的「文德」，主要指「臨文必敬」和「論古必恕」兩種基本態度。他特別解釋後者說，「恕非寬容之謂」，而是指「能為古人設身而處地」；即「不知古人之世，不可妄論古人文辭也；知其世矣，不知古人之身處，亦不可以遽論其文也」。[9]

6　參閱Benedict Anderson, *Imagined Communities*, rev. ed., London: Verso, 1991（此書有中譯本，吳叡人譯，上海：上海人民出版社，2003年）; Eric Hobsbawm & Terence Ranger, eds., *The Invention of Tradition*, Cambridge: CambridgeUniversity Press, 1983. 我這裏更多是借用他們的術語，而非完全循其論旨立言。

7　顏師古：《漢書敘例》，顏注《漢書》，第2冊，2頁。

8　孟子論交友說，「天下之善士斯友天下之善士。以天下之善士為未足，又尚論古之人；頌其詩，讀其書，不知其人，可乎？是以論其世也。是尚友也」（《萬章下》）。同理，「論世」不僅可以知人，也可知書、知事（參見羅志田：《立足於中國傳統的跨世紀開放型新史學》，《四川大學學報》1996年2期）。不過，近年主張文本一產生便脫離作者而獲得獨立生命者不同意這一看法也不提倡這一取向，詳後。

9　章學誠：《文史通義・文德》，60頁。英國史家柯林武德也特別提倡與昔人「心通意會」的治史取向，參見柯林武德：《歷史的觀念》，何兆武、張文傑譯，242-250頁。關於柯林武德與中國歷史思想特別是章學誠思想的相通之處，參見余英時：《章實齋和柯靈烏的歷史思想》，收入其《歷史與思想》，167-221頁。

　　這裏當然有一基本的預設，即古今人之間可以有某種「人同此心，心同此理」的共鳴。從今日文化人類學的視角看，人類各文化族群或古今之人不僅有可溝通的共性，更各有其個性（後者實構成一般所謂「文化」）。即使在相對穩定的地域（空間）裏，對同一文化系統內的今人來說，古人實際已是「非我」或「他人」。[10]就變動大的時段言，有時候不過幾十年，先後之人已少有真正「共同」的語言；[11]在區分較明晰而衝撞又激烈的社會裏，不同「行業」和社群之間也常有所謂「路人」之感。[12]

10　《莊子》中的師金論世變說：古今之間的差異就像水與陸地的不同，若推行古道於今世，就像在陸地行船一樣勞而無功（「古今非水陸與？周魯非舟車與？今蘄行周於魯，是猶推舟於陸也，勞而無功」《莊子·天運》）。所說的雖是禮儀法度當應時而變，也暗示了今昔之間的「斷裂」猶如「異國」（當然，先秦「國」的概念未必等同於今日流行的「國家」）。參閱David Lowenthal, *The Past is a Foreign Country*, Cambridge: Cambridge University Press, 1985. 1989年成立的歐洲社會人類學家協會在1990年召開第一次學術研討會，會後出版的論文集《他者的歷史》（*Other Histories*）基本用歐洲的實例來說明還有許多實際存在的歐洲歷史未曾納入一般認知中的「歐洲」，特別能凸顯往昔的「外國」特點（此書現有中譯本，克斯汀·海斯翠普編，賈士蘅譯，臺北：麥田出版公司，1998年）。與這一認知相反，杜亞泉曾據「德儒佛郎都氏所著《國家生理學》」，以發展的時間觀念詮釋「國民」，並與具體的空間相結合而予「國家」以相當宏闊的時空界定：「國家者，國民共同之大廈。我國民生於斯，聚於斯，而不可一日無者也。且國民之共同生聚於斯者，不僅限於現代之國民而已，其先我而死、後我而生者，亦皆賴此以生聚。故國家非一時之業，乃億萬年長久之業。」杜亞泉：《接續主義》（1914年），《杜亞泉文選》，130-131頁。

11　中國自近代特別是20世紀以來，就大致處於這樣一個時段之中，不僅出現「一國人物未有可保五年之人」的現象（章太炎：《對重慶學界演說》，《歷史知識》，1984年1期，44頁）；且有人乾脆提出去年以前皆屬「古代史」（陳獨秀在1916年元旦時即主張「自開闢以訖一九一五年，皆以古代史目之」。參其《一九一六年》，《新青年》1卷5號）。傅斯年在1945年曾深有感觸地描述清季民初之代溝說：「亡清末年，世事之大變在醞釀中，中國如此，西洋亦然。吾輩年五十者，追憶總角所見，恍如隔世；若以質諸三十許人，不特無所知，即告之亦有所不信也」。參見傅斯年為呂大呂所著書寫的序稿，原件藏臺北中研院史語所傅斯年檔案中。

12　20世紀80年代的中國曾出現提倡「理解」的呼籲，最能提示同時代人之間明顯的「隔膜」。

　　這樣一種集體的時空「代溝」對異時空之人的「心通意會」構成強有力的挑戰，有人遂認為這根本不可能。詹金斯（Keith Jenkins）便從哲學、語言學和實際操作等多角度否認了史家與昔人「心通意會」（empathy）的可能性。[13]馬克思曾說：「人們自己創造自己的歷史，但是他們並不是隨心所欲地創造，並不是在他們自己選定的條件下創造，而是在直接碰到的、既定的、從過去繼承下來的條件創造。一切已死的先輩們的傳統，像夢魘一樣糾纏著活人的頭腦。」[14]但像詹金斯這樣的後學家則認為：是歷史學家在創造歷史，而且他們基本是在隨心所欲地（儘管可能並非有意地）「創造」。[15]

　　中國很早即有以為「往昔不可知」的類似傾向，韓非子就說：孔墨之後，「儒分為八，墨離為三」，取捨各異，而「皆自謂真孔墨。孔墨不可復生，將誰使定後世之學乎？孔子、墨子俱道堯舜，而取捨不同；皆自謂真堯舜。堯舜不復生，將誰使定儒墨之誠乎？」[16]在新文化運動後「疑古」風氣盛行的年代，韓非子關於「堯舜不復生」的一段話就常被引用。[17]不過，當年中國趨新史家多在古史、古語「不可

13　參見其《歷史的再思考》，賈士蘅譯，臺北：麥田出版公司，1996年，111-122頁。

14　馬克思：《路易‧波拿巴的霧月十八日》，《馬克思恩格斯選集》，603頁。

15　詹金斯不無諷刺地套改柯林武德關於「所有歷史都是昔人思想的歷史」之名言，以為「所有歷史都是史家思想的歷史」。不過，他相當承認較近的「傳統」那「像夢魘一樣糾纏著活人頭腦」的力量，認為史家與昔人「心通意會」這一研究取向的形成的乃出自學校教育、學術趨勢和意識形態的「壓力」，後二者即謂從柯林武德到艾爾頓（Geoffrey Elton）的既存史學思想和穆勒（John.C. Mill）式自由主義觀念對史家的束縛。既然「所有歷史都是史家思想的歷史」，後之治史者雖然不能與昔人「心通意會」，卻應該努力與昔之史家「心通意會」（參見《歷史的再思考》，117-122頁）。這裏潛伏著對「現代性」的不滿和否定，但「往昔」在其表述中如此能伸能屈也體現出詹金斯想像力的豐富。

16　《韓非子‧顯學》，本文用王先慎《韓非子集解》本，上海書店影印世界書局「諸子集成」版，1986年，351頁。

17　參見柳詒徵：《國史要義》，上海：中華書局，1946年，99-100頁。

信」的心理下引用此語，他們很少認為故事（此用本義）不可知。這也大致是那一時代從事校勘和文學研究之人的共同傾向，正是在這一心路之上校勘學和史學有著較為共同的語言。

聞一多闡述其校補《楚辭》的方法說：「較古的文學作品所以難讀，大概不出三種原因。（一）先作品而存在的時代背景與作者個人的意識形態，因年代久遠，史料不足，難於瞭解；（二）作品所用的語言文字，尤其那些『約定俗成』的白字（訓詁家所謂『假借字』）最易陷讀者於多歧亡羊的苦境；（三）後作品而產生的傳本的訛誤，往往也誤人不淺。《楚辭》恰巧是這三種困難都具備的一部古書，所以在研究它時，我曾針對著上述諸點，給自己定下了三項課題：（一）說明背景，（二）詮釋詞義，（三）校正文字。」[18]可知他基本還是立於孟子「論世知人」的取向之上，認為「史料」有助於瞭解作品所處的時代背景和作者個人的意識形態。

這與近年西方文論主張文本一產生便脫離作者而獲得「獨立生命」者的立意相當不同，熟讀尼采的魯迅態度相對中立，他主張「倘要論文，最好是顧及全篇，並且顧及作者的全人，以及他所處的社會狀態，這才較為確鑿。要不然，是很容易近乎說夢的。但我也並非反對說夢，我只主張聽者心裏明白所聽的是說夢」。[19]他自己大致還遵循著孟子的思路，不過也可以接受不甚顧及文本作者及其時代而就文本書本的「說夢」取向，並希望文本詮釋的接受者明白兩種取向的不同。

的確，一旦上升到「人性」層次，今昔是否能夠相通便進入難以休止的辯論了。正如《莊子》之中關於「子非魚，安知魚之樂」的辯難一樣，既然昔人不復生，後人又安知與昔人未曾溝通？故就史家實

---

18 聞一多：《楚辭校補·引言》，《聞一多全集》（5），113頁。
19 魯迅：《題未定草七》，《魯迅全集》（6），430頁。

際操作層面言，或不如致力於怎樣設法理解往昔之人與事。利科
（Paul Ricoeur）以為，從某種程度上說，理解今人和理解古人的關
係呈現著某種弔詭意味：一方面，我們基本能理解與我們相像的事
物；另一方面，理解「他人」（the other）必須拋棄我們自己的先入之
見，把「他人」確實當做「非我」（即不當做「我」）來理解。[20]

以「他人」為主要研究對象的人類學恰在此意義上為史學提供了
可資借鑑之處。[21]另一方面，語言學也可以給史學以啟示。如果我們
今日讀昔人的書寫類似在讀外文，我們首先應該學習昔人使用的文
字。這裏所說的「學習」，不是一般課堂意義那種對「古漢語」的學
習，倒可借鑑唐代和近代都曾大興的「譯學」。傳教士林樂知曾論譯
書說：「大凡欲譯一書，必將原書融會貫通，並書之旁面底面，以及
來源歸宿，又書外之事與書中有關涉者，須一一洞悉無遺，而後能毫
無遺憾」。[22]既然昔人言說已成「異言殊語」，這一對翻譯的要求也適
用於「學習」古文和解讀古籍。

有一點是清楚而樂觀的：不同語言之間固有一些無法「翻譯」的
成分，外文仍是可以學會甚而學好的，只是必須充分尊重其特定的語
法和表達習慣，才能運用得當。[23]同理，如果過去不啻外國，則不同

---

20 參見保羅・利科：《法國史學對史學理論的貢獻》，王建華譯，44頁。有意思的是，
利科引用了馬魯（Henri-Irence Marrou）提倡「像今天朋友瞭解朋友那樣」去瞭解昔
人的主張，這正是孟子陳述其論世知人取向時的說法。

21 尤其是當人類學家涉足史學時，「他人」的歷史有意無意間得到凸顯，導致一種更加
多元的歷史觀。參見海斯翠普（Kirsten Hastrup）：《他者的歷史・導論》，14-16頁。

22 林樂知：《〈論日本文〉附跋》，《萬國公報》，第156冊（光緒二十七年，約1901，十
二月），錢鍾書主編、朱維錚執行主編：《萬國公報文選》，北京：三聯書店，1998
年，668頁。

23 參見Clifford Geertz, *The Interpretation of Cultures*, New York: BasicBooks, 1973,
chapters 1&3; J.G.A. Pocock, *Politics, Language and Time*, New York: Athenaeum, 1971,
chapters 1&7.

文化各群體間一向可以溝通，也實際進行著不斷的交往；今人正可像異域間的交流一樣，通過共性而認識往昔。這其間固難避免誤解甚至觀念的衝突，然而如前所述，難以索解之處恰可能是取得突破之所在，重要的是正視古今的差異，尊重往昔那與今不同之處（今日不同文化群體間的交往便也在提倡類似的準則）。[24]

　　這和胡適所說要尊重研究對象的「時代思想信仰」的思路相通，然而顏師古指出的後人「以意刊改」舊籍的現象仍在重複。胡適就發現，校書者常會「主觀的發現錯誤」：當其「讀一個文件，到不可解之處，或可疑之處」，便容易「認為文字有錯誤」。其實「讀者去作者的時代既遠，偶然的不解也許是由於後人不能理會作者的原意，而未必真由於傳本的錯誤」。而陳垣校《元典章》則特別注重「一代語言特例」，故其方法「最可以提醒我們，使我們深刻的瞭解一代有一代的語言習慣，不可憑藉私見淺識來妄解或妄改古書」。[25]

　　儘管他特別強調校勘的本義是嚴格依據古本做「對校」的老實功

---

24 有一點或需要說明：本文不止一次引用了將往昔喻為外國的中外論述，但不論對具有「歐洲中心思想」的歐洲人（今日「西方」的重要成分美國之人多少也具「歐洲中心」的思想，然對其觀感還有更複雜的一面）還是具有「華夏中心」觀的中國人來說，「往昔」這一主要是時間上的「他者」與地域特別是文化上的「他人」還是有較大區別的，兩者當然都具「非我」特性，但從迄今仍為多數人接受的民族文化線性發展觀看，「往昔」是（或被認為是）構成整體之「我」的先前部分，與不論時間空間皆屬「化外」的「他人」終不可同日而語，尤其在下意識的「尊重」方面有時可能有很大的差異：「往昔」是可以轉化為「現代」的「傳統」（不論「傳統」與「現代」之間有何種程度的「斷裂」），而「化外」的「他人」是否可以轉化為「現代」或是否可以「進入世界之林」，常常是有疑問的，有些人在下意識層面恐怕是存否定觀念的（有一神論傳統的西方在這方面的排他觀念要強於中國的夷夏觀念）。其間各種複雜微妙的關係此處無法一一申論，本文主要是從史學「方法」層面認識和討論往昔與外國的共性。

25 本段與下段，胡適：《校勘學方法論——序陳垣先生的〈元典章校補釋例〉》，《胡適論學近著》，106-108、114-116頁。

夫，胡適也言及學者個人學問知識的重要，他說，「要懂得一個時代的書，必須多懂得那個時代的制度、習俗、語言、文字」。若「有意改善一個本子而學識不夠」，就可能「以不誤為誤」，無版本的根據而「隨意改字」，不過是「臆改」而已。實則校書改錯「是最難的工作。主觀的改定，無論如何工巧，終不能完全服人之心」。如《大學》開端「在親民」，朱子改「親」字為「新」字，「七百年來，雖有政府功令的主持，終不能塞反對者之口」。

這樣的認識與前引其主張不可用後世眼光去批評前人的見解相通，大致是胡適那些年的一貫思路。[26]不過這也不是20世紀「新學術」的創造，千年前的杜佑就曾提出不可「將後事以酌前旨」，他在討論歷代關於封建、郡縣之利弊爭論時說：「自五帝至於三王，相習建國之制，當時未先知封建則理、郡縣則亂；而後又睹秦漢一家之天下，分置列郡，有潰叛陵篡之禍，便以為先王建萬國之時，本防其萌，務固其業，冀其分樂同憂、饗利共害之慮。乃將後事以酌前旨，豈非強為之說！」[27]

然而如清儒崔述所說，「人之情好以己度人，以今度古，以不肖度聖賢；至於貧富、貴賤、南北、水陸、通都僻壤，亦莫不互相度；往往逕庭懸隔，而其人終不自知也」。他觀察到，「凡說上古者皆以後

---

26 按「歷史眼光」是胡適一直強調的，但如此關注昔人的時代制度、習俗和語言文字，大約與他在北伐後改變自己的「疑古」觀念相關。顧頡剛後來回憶說，他在1929年從廣州到上海去看胡適，「他對我說：『現在我的思想變了，我不疑古了，要信古了！』我聽了這話，出了一身冷汗，想不出他的思想為什麼會突然改變的原因。」顧頡剛：《我是怎樣編寫〈古史辨〉的》，收入《古史辨》（一），13頁。如前所述，「歷史眼光」本身也蘊含著尊重研究對象之「時代思想信仰」的一面，胡適從「疑古」轉為「信古」（其實也只是疑古傾向不那麼強而已），就更容易發揮「歷史眼光」的這一面。

27 杜佑：《通典‧職官十三‧王侯總敘》卷31，臺北：新興書局，1959年影印，177頁。

世例之」，故「後世之儒所以論古之多謬者，無他，病在於以唐宋之事例三代，以三代之事例上古；以為繼世有天下自羲農已然，故於虞、夏授受之際，妄以己意揣度，以致異說紛然，而失聖人之真」。若「學者知上古自上古，虞、夏自虞、夏，商、周自商、周，則經傳之文皆了然不待解」。[28]

正是針對長期存在的「將後事以酌前旨」的傾向，陳寅恪提出，「證釋古事者，不得不注意其時代限制」。[29]為了不逾越昔人之「時代限制」，尤其避免治史者「依其自身所遭際之時代，所居處之環境，所薰染之學說，以推測解釋古人之意志」，[30]陳先生特別強調：「解釋古書，其謹嚴方法，在不改原有之字，仍用習見之義。故解釋之愈簡易者，亦愈近真諦。並須旁採史實人情，以為參證。」[31]

這一主張非常適用於古籍校勘。實際上，為能「仍用習見之義」，就最好「不改原有之字」。過去和現在都有整理者認為昔人言論不通而將其「逕改」者（清儒校勘最精，然此風亦甚；今日各種文集、資料集的編者言中仍常見其表示要「逕改」所編文字之「錯訛」者），其實有些後人以為「不通」或「錯訛」的，未必就是真正「不通」或「錯訛」，不過時代變遷使後人難以索解前人之意，遂據其所處時代的文字知識，以為先前的書籍出現了問題，即胡適所謂「以不誤為誤」。真正尊重研究對象的「時代思想信仰」，就不僅不能「憑藉私見淺識來妄解或妄改古書」，更須明確「一代有一代的語言習慣」

---

28 崔述：《崔東壁遺書・考信錄提要》，4頁；《崔東壁遺書・補上古考信錄・卷上・古之天子無禪無繼》，32頁；《補上古考信錄・卷下・黃帝以後諸帝通考》，47頁（有的標點略有更動）。

29 陳寅恪：《元白詩箋證稿》，上海：上海古籍出版社，1980年，167頁。

30 陳寅恪：《馮友蘭〈中國哲學史〉上冊審查報告》，《金明館叢稿二編》，上海：上海古籍出版社，1980年，247頁。

31 陳寅恪：《「薊丘之植，植於汶湟」之最簡易解釋》，《金明館叢稿二編》，262頁。

並熟悉瞭解之。[32]

偶讀舊籍，覺昔人注疏時至少無意中時有以後世儒家觀念反看前人之傾向。其實先秦時人遠較後人活潑，常從日常生活中悟得玄理；其心態也常比後人開放，對「非華夏」的觀念往往更能平心相待。倘去除成見，在「注意其時代限制」的前提下「旁採史實人情」，如魯迅所言，「返其舊心，不思近世，平意求索，與之批評」，[33]則在「不改原有之字」的基礎上或也能「豁然貫通」，體會到典籍所處時代的「習見之義」。今試舉二則：

其一

《荀子・大略》有一段記載說：「公行子之之燕，遇曾元於塗，曰：燕君何如？曾元曰：志卑。志卑者輕物。輕物者不求助。苟不求助，何能舉。氐羌之虜也，不憂其系壘〔累〕也，而憂其不焚也。利夫秋毫，害靡國家，然且為之，幾為知計哉！」

過去的注家都把這段話連起來解釋，說這表明氐羌之虜蠢而無遠慮。其實這樣讀意思並不順，首先原文並無「愚蠢」意，其次即使將氐羌之虜的行為解釋為愚蠢，上則最多與「志卑」稍有關聯，與「輕物而不求助」實無邏輯聯繫；下亦勉強可沾上「利秋毫」，但與「害國家」便完全聯不上。綜觀全文，實不知曾元意之何在。

---

32 校勘如此，史學亦然。在實際操作上，面對繁多的史料，治史之人很少能完全避免「合則用，不合則棄」的慣性行為，尤其是在感覺沒有意義、難以索解甚至已被證明出「錯」的史料時，最易忽視。就像偽書也當注意其何以出現及怎樣產生一樣，對有「錯」的史料也須先弄清其「錯誤之由」，不應輕易捨棄。有時經過考索會發現，某些已被證明出「錯」的史料實際未錯，而是當初證明其「錯」者自己出錯。故特別需要在意識層面增強對這類史料的注意。參見蒙文通：《治學雜語》，收入蒙默編：《蒙文通學記》，35頁。

33 魯迅：《科學史教篇》，《魯迅全集》（1），26頁。

其實《大略》篇本雜錄，而非圍繞特定主題的專論，倘若把曾元的話斷在「何能舉」處，並將「利夫秋毫」以下另作一段，也就是將整段分成三段不相連的話來讀，文意實更順。原文可分段標點為：

> 公行子之之燕，遇曾元於塗，曰：「燕君何如？」曾元曰：「志卑。志卑者輕物。輕物者不求助。苟不求助，何能舉。」
> 氐羌之虜也，不憂其系壘〔累〕也，而憂其不焚也。
> 利夫秋毫，害靡國家，然且為之，幾為知計哉！

三段話各自獨立後，意思均無不通，而氐羌之虜的行為也更容易理解了。蓋氐羌之俗，死而焚屍；今為人虜獲，恐死而不能焚，是以憂。實際上，俗亦禮也（《戰國策・趙策二》中趙武靈王實行胡服騎射那段君臣辯論即是俗亦禮的最好注腳），是否依禮而葬直接關係到死後世界多方面的關懷，對古人至為重要。被虜獲則死的可能性大，此虜憂其不能依本族禮俗下葬，死而違禮，所憂者實遠大；若彼僅憂其個人繫累，反僅見其小，又何足道哉。荀子的真意，或謂雖氐羌之虜，而能所憂者大，正與孔子說夷狄有君意同。[34]對此虜而言，荀子應是一種正面的陳述，既存的詮釋或恰反其意而解之。

其二

《呂氏春秋》曾說，「善學者，若齊王之食雞也，必食其跖數千而後足。雖不足，猶若有跖」（《呂氏春秋・用眾》）。「數千」，《淮南

---

34 孔子曾說，「夷狄之有君，不如諸夏之亡也」（《論語・八佾》）。從宋明大儒到近人楊樹達多以為此意謂夷狄尚有賢明之君，而諸夏反無，其說可從。參見朱熹《四書集注・論語》本條引程子語；王夫之《讀通鑑論》卷15，「文帝一」；楊樹達《論語疏證》本條（引在楊伯峻：《論語譯注》，北京：中華書局，1980年，24頁）。

子·說山訓》作「數十」，更近於實際之宴飲。「跖」為雞足踵，確實好吃，齊王可謂知食者也。且從中醫觀念言，雞跖還有滋陰的作用。蓋睡眠不足則傷陰，王者日理萬機，通常都有些睡眠不足，多食雞跖正所謂食補，在養生上也是有所據的。據說民國四川劉文彩之五姨太吃鴨亦僅吃其鴨蹼，每食費鴨數十，與齊王略同；近日川菜中有「掌中寶」一菜，即為雞足之掌心，尤可見傳統之不死。[35]

過去《呂氏春秋》之注者每謂後句不通，其實這裏或有些文字遊戲的意思在，蓋「跖」既為雞足踵，多食而後足之「足」字，約有雙關之意，字面意即多食腳底而後知「腳」也；言外意似謂所學雖枝節局部（然須與特定整體相關），積少成多後，或可得其整體。魯迅曾有《以腳報國》一文，主要議論女子的小腳與「國家」的關係，文中談到國之經費時引用《論語》「百姓不足，君孰與足」一語，便大致是類似的雙關語。[36]

若可以這樣讀，則「雖不足，猶若有跖」，大致謂即使未能掌握整體，猶得其局部；雖不全，庶幾近之。這樣，上下文並不衝突，還相當連貫。緊接著的下一句「物固莫不有長，莫不有短」，循此思路讀去，亦別有所獲。這當然只是一種「大膽的假設」，姑備一說；是否近於撰述者之本意，尚待方家教正。

附帶地說，典籍的解讀有時未必只有一項「正解」，完全可以多解並存（若提倡文本之「獨立生命」的文化批評家，更主張萬解皆正）。本文的兩條詮釋，乃嘗試陳先生提倡的「瞭解之同情」取向，

---

35 傅斯年曾說，「傳統是不死的，在生活方式未改變前，尤其不死。儘管外國人來征服，也是無用的。但若生產方式改了，則生活方式必然改；生活方式既改，傳統也要大受折磨」。參見傅斯年：《中國學校制度之批評》，《傅斯年全集》，第6冊，124-125頁。

36 參見魯迅：《二心集·以腳報國》，《魯迅全集》（4），328頁。

對後人感覺古籍難解之處不輕易否定，反可能因此而開啟或走進「一個相異的意義體系」；這絕不排斥他解更為正確的可能，甚至拙解本乏「瞭解之同情」，反是「自作多情」，亦未可知。同時，個人讀書不廣，也許前人早已提出類似解讀，則「專利」自屬先言者，本文得附驥尾，亦有榮焉。

我想特別申說的是，「瞭解之同情」這一取向要求治學者本身心胸的開放，它蘊涵著對研究（或校勘）對象的尊重，類似於錢穆所說的「溫情與敬意」（錢先生說的是國人讀國史，有其特殊的時代針對性，這裏是推廣而用之），只有像胡適提倡的那樣尊重研究對象的「時代思想信仰」，才能達到丹屯所謂開啟相異的意義體系甚至進入（不止一個）奇異而美妙的觀念世界。

傅科（Michel Foucault，大陸多譯作福柯）是個前些年常掛在西人口上的姓名，今日國人也已開始較多引用。多數人都看見（或耳聞）傅科對既存學術的顛覆作用，但恐怕忽視了他對異於常情常軌的觀念、事物的「尊重」。許多讀者一定有印象，傅科曾提起博爾赫斯所說一本「中國百科全書」對於動物的異常分類給他的啟發。博爾赫斯本以「寓言」著稱，不同的讀者對其言中所寓之意解讀各異，不少人對其以「滑稽」視之，未必認真對待；傅科卻從這一「寓言」裏看出，有些因「異常」而被拒斥的「相異的意義體系」恰提示出西方人自己「思想的限度」──他們「完全不可能那樣思考」。[37]在進行深入「挖掘」（即其所謂「考古」）後，他的確開啟了一片過去基本視而不見的廣闊新天地。

我們不必完全贊同傅科的具體見解甚或分析方法，蓋其立言至少

---

37 傅科：《詞與物》，莫偉民譯，上海，三聯書店，2001年，前言，引文在1-2頁。此書的英譯本名為 *The Order of Things* (New York: Pantheon, 1970)，更加凸顯類別之意。

部分針對著其所處的特定空間和「時代思想信仰」（如其對「斷裂」
的特別強調可能即因為當年法國思想界和學界曾為結構主義所籠
罩），但不能不承認他改變了我們對人類歷史和社會的一些「看法」
（此用本義，即「看」人類歷史和社會之「法」）。或可以說，傅科能
開啟「相異的意義體系」，亦因其以尊重和開放的態度對待一般人感
覺「不近情理」、「沒有辦法」及「可笑」的觀念吧。

（原刊《社會科學研究》2003年4期）

學術「對手方」與專業知識的建構
──傅斯年先生的啟示

　　傅斯年約在20世紀20年代曾說，「大凡要把一句話，一篇文，一段故事懂得透徹圓滿了，必須於作這言者所處的 milieu 了曉，否則字面上的意思合起來不成所謂」。換言之，解讀往昔的作品，要特別注重其時代背景和社會情狀，讀其書而不曉得作者的時代背景，「有許多意思要喪失的」。但「milieu 是一個各件以分量不等配合的總積」，而古人之所言，本都是隨他們的 milieu 物化的了，「所以後一個時期的人，追查前一個或一、二千年前好幾個時期的 milieu，是件甚難的事」。[1]

　　按 Milieu 本法語，已成英語中的外來詞，其最接近的指謂或是 setting，兼具 environment, scene, background, surroundings, situation 等義，錢鍾書徑譯為「身世」[2]，義稍窄；傅斯年所指謂更寬宏，大致即其在此文中所說的「時代背景」和「社會情狀」這時空兩義的集合。

　　在傅先生看來，如果作品所述的故事具有「古今一貫」的超時空意味，則後人大致能瞭解；若其所述是「局促於一種人或一時代的題目」，則即使「好古的博物君子」也可能難以索解。他以《論語》和

1　參見傅斯年的一份殘稿，大概是為一本普及字母書所寫的序言，原件藏臺北中研院史語所傅斯年檔案，該所整理人士代命名為《作者、環境與其它》，並大致確定文章約撰寫於1923或1924年。

2　錢鍾書：《中國文學小史序論》，《錢鍾書散文》，杭州：浙江文藝出版社，1997年，483頁。

《詩經》的內容為例說：「《論語》對手方是有限的人，他的環境是窄的；《詩經》的對手方是人人，他的環境是個個的。所以《詩經》雖然為是韻文的原故，字句已不如常言，尚可大多數了然。而《論語》的精華或糟粕，已有好些隨魯國當年士大夫階級的社會情狀而消散。」[3]

類似的意思傅先生稍後還曾進一步申論，以為「凡是一種可以流行在民間的文學，每每可以保存長久。因為若果一處喪失了，別處還可保存；寫下的盡喪失了，口中還可保存」。反之，不能在民間流行的文字，例如「藏在政府的、僅僅行於一個階級中的，一經政治的劇烈變化，每每喪失得剩不下什麼」。因此，中國經典中「《詩》應比《書》的保存可能性大」。[4]

上引佚文大約是為一本普及字母書（作者可能是吳稚暉）所寫的序言，故行文力求通俗，莊諧並出，然正如傅先生所說，「這裏邊的意思也不會不莊重」。其實這篇小文提出了一個非常重要的睿見，即作品的接受者，也就是傅先生所說的「對手方」，常可影響作品本身的傳承。不僅如此，「對手方」也直接或間接參與著專業知識的建構。從這一視角看，學術作品的接受者本身也是學術建制的一部分。

這裏所謂學術建制是廣義的，應包括所有參與專業知識生產和建構的因素，如大學的歷史系和各級各類史學研究機構、大中小學歷史課程的設置及演變、學術刊物特別是史學專業刊物以及專業學會的出現、發展與影響等。對中國而言，這類學術建制基本是20世紀的新生事物，與更廣泛的新時代背景和社會情狀密切相關，並多少與今日學人愛說的「現代性」頗有關聯。套用傅斯年的話說，正是這一新的

3　傅斯年殘稿，《作者、環境與其它》。

4　傅斯年：《〈詩經〉講義稿・周頌說》（1928-1929年），《傅斯年全集》，第1冊，205頁。

milieu 使治學的方式不能不發生變化，對史學學人與史學研究產生了多方面的影響，[5]而其中「對手方」的作用，是過去相對忽略的。

一方面，特定學術作品的生產者對其產品接受者的預設，以及為使其預設接受者「能夠」接受甚至「欣賞」而做出的有意努力，都直接影響到學術作品的構建。而「對手方」有意無意的選擇所起的作用，以及一些中介（例如學術刊物和機構）對雙方的影響，在這些與學術的「接受」相關的多因素互動下逐漸形成的有意、無意或下意識的研究取向，在研究題目的選擇、材料的認定和使用、爭議的問題、表述的方式技巧，以至所謂「規範」等各個方面，更制約甚至型塑著學術成品的樣態，從而最後影響到「知識」本身的建構，並成為學術傳統的一部分。

這些意思若置於傅斯年推動甚力的「現代學術」裏，就更容易領會。許多人都熟悉他的一段名言：歷史學「發展到現在，已經不容易由個人作孤立的研究了，他既靠圖書館或學會供給他材料，靠團體為他尋材料；並且須得在一個研究環境中，才能大家互相補其所不能，互相引會，互相訂正；於是乎孤立的製作漸漸的難，漸漸的無意謂，集眾的工作漸漸的成一切工作的樣式了。」[6]既然學術的「製作」漸漸成為集眾的工作，而研究者「互相補其所不能，互相引會，互相訂正」成為必需，與現代學術機構關聯密切的「發表」就逐漸成為一個必要條件了。

中國傳統的地方書院和中央的國子監、翰林院等機構，也大致具備聚集人才相互切磋這一社會功能，可以解決「獨學無侶」的缺陷。但「現代」學術研究機制還有一些傳統學術機構所不具備的新功能，

---

5 關於學術建制以及和學術相關的新興社會行為對史學的影響，參見本書《學術與社會視野下的二十世紀中國史學》。

6 傅斯年：《歷史語言研究所工作之旨趣》（1928年），《傅斯年全集》，第4冊，265頁。

專業性的學術刊物便是其中之一，它大大擴充了學術交流的範圍和速度。同時，「讀雜誌」本身也逐漸成為「治學」的一個必不可少的步驟。張申府在民初提出：「治一學，而欲知新，而欲與時偕進，乃非讀其學之雜誌不可。居今講學，宜以能與世界學者共論一堂為期。苟不知人之造詣，何由與人共論？」[7]

一旦「雜誌」超越於交流功能而成為「學術」本身一個必須的要求，學術機構及學者與專業雜誌的互動關係就進入一個新層面。賀麟就從「入國問禁，入境問俗」這一先秦規則來理解「學術的獨立自主」，即「每一門學術亦有其特殊的禁令，亦有其特殊的習俗或傳統。假如你置身於某一部門學術的領域裏，妄逞自己個人的情慾和意見，怪癖和任性，違犯了那門學術的禁令，無理地或無禮地不虛心遵守那門學術的習慣或傳統，那麼你就會被逐出於那門學術之外，而被斥為陌生人、門外漢」。[8]

從社會視角看，任一學科發展到約定俗成的程度，的確會形成許多特定的習俗、傳統甚或「禁令」；是否接受及能否以相應的「行規」和「行話」來思考和表述自己的學術見解，通常成為區分「內行」或「門外漢」的主要標準，初入道者和跨學科者往往更容易感受到類似「特殊禁令」的排他性。這些慣性「規則」常被今日西方新學家據以指責「學科（disciplines）」的「霸權」，錢穆在半個世紀前則從另一角度對類似現象不滿，在他看來，如此「以專家絕業自負，以窄而深之研究自期，以考據明確自詡，壁壘清嚴，門牆峻峭，自成風氣」，其實導致了「學術與時代脫節」。[9]

---

7 張崧年：《勸讀雜誌》，《新青年》5卷4號（1918年10月），433頁。

8 賀麟：《文化與人生》，北京：商務印書館，1988年新版，246頁。

9 本段與下段，參見錢穆：《學會》，《錢賓四先生全集》，臺北：聯經出版公司，1998年，第24冊，160-161頁。

　　錢先生以為：「此數十年來，國內思想潮流及一切實務推進，其事乃操縱於報章與雜誌期刊少數編者之手。大學講堂以及研究院，作高深學術探討者，皆不能有領導思想之力量，並亦無此抱負。」此文本是為《新亞學報》所寫的《創刊詞》，不知他所說的「雜誌期刊」是否包括學術性刊物？若不包括，則學院內「作高深學術探討者」似頗願追隨那「為學術而學術」的刊物，而無意於「領導思想」的社會角色；若包括，則他已觀察到但不甚關心的雜誌期刊與學院內「高深學術探討」的某種脫節，同樣有著另一層面的深刻社會含義。

　　學術建制的影響不僅在於其直接的功能和作用，而且體現在這些建制引發的社會行為。刊物當然是今日學術建制的重要成分，按前述學術生產人（即立說者）和「對手方」的分野，學術期刊則介於兩者之間，大約是一個溝通的中介性載體；其在讀者面前表現著學術作品，似乎是立說者的代表；同時又受讀者的影響，一定程度上在立說者面前「代表」和「表現」著讀者。[10]

　　不論錢穆所說的「雜誌期刊」是否包括學刊，他的不滿都體現出中介作用的凸顯（只是與他所期望的方向相反）。實際上，不少學刊並不滿足於中介和溝通的角色，而頗具試圖「引領」學術潮流的「主動性」；它們也確曾發揮了這樣的功能，並常常被學術社會寄予這樣的期望。若錢先生所說的「雜誌期刊」包括學刊，他的不滿就更加意味深長：在中介作用凸顯的同時，學院內「作高深學術探討者」似對學術刊物的「操縱」安之若素！

---

10 近年的一個新現象是所謂「評估」機制及其機構的產生和興起，看上去「評估」方面是直接或間接代讀者立言——代讀者「評估」刊物和作者，而其據以評估的「標準」卻未必出自讀者。由於各類「評估」結果為不少學術機構所採納，有的甚至為學術機構所委託，不少刊物和作者都不能不開始考慮這類「評估」，有時可能忘記真正的讀者。

在這一學者與刊物的互動進程中，作為學術建制一部分的學術接受者（「對手方」）顯然參與了「知識」的生產和建構，起著不可取代的作用，但過去卻長期未曾受到重視。這在追隨者或聽眾往往決定立說者地位的近代中國，是一個相當特別而值得反思的現象。

不過，讀者的隱去或只是表面的，除欲「引領」潮流的主動一面外，學術期刊其實常常面臨來自讀者的被動壓力，尤其是在刊物自身也面臨同業競爭的時代。辦刊人無不希望刊物受歡迎，則讀者的喜惡常可以影響刊物的趨向。專業性學刊在中國出現的歷史不過幾十年，而讀者的轉變已經太大太大；最簡單的一個象徵性事例是，章太炎的表述在今日幾乎被公認為艱澀難懂，但其同時代人中便少有此認知，章氏自己更頗為其文字自豪。

其實，表述的清通本身是個見仁見智的問題，這裏更多體現的是時代的變遷。傅斯年在主辦《新潮》時曾很有感觸地說：

> 文章大概可以分做外發（Expressive）和內涵（Impressive）兩種。外發的文章很容易看，很容易忘；內涵的文章不容易看，也不容易忘。中國人做文章，止知道外發，不知道內涵；因為乃祖乃宗做過許多代的八股和策論，後代有遺傳性的關係，實在難得領略有內涵滋味的文。做點浮飄飄的、油汪汪的文章，大家大叫以為文豪；做點可以留個印象在懂得的人的腦子裏的文章，就要被罵為『不通』、『腦昏』、『頭腦不清楚』、『可憐』了！[11]

民初新人物喜歡整體否定「中國人」，並歸咎於「傳統」。實則前

---

11 傅斯年：《隨感錄》，《新潮》1卷5號（1919年5月），924-925頁。

人作文追求餘音繞梁，《易·繫辭》一則曰「物相雜，故曰文」；再則曰「參伍以變，錯綜其數，通其變，遂成天下之文」。更在闡述「彰往而察來」的意旨時提出：「其旨遠，其辭文；其言曲而中，其事肆而隱。」這些要求既合於「文」字的本義，復有更深的意旨。古之文章不僅要「通暢」，更貴其「旨遠」。或者正要有「相雜」之紋理而後能旨遠，旨遠而後「其辭文」。文章主旨須一以貫之，隱約可見其一干豎立；具體書寫則當起伏跌宕，以收枝葉扶疏之效。故謂「其言曲而中，其事肆而隱」——平鋪直敘，其事反隱；婉轉曲折，其言乃中。

可知做出「有內涵滋味的文」才是傳統的要求，而傅先生所記述的那些「罵」語有著鮮明的時代特色，大體反映出他所處時代的文風（包括作者和讀者兩方面的傾向）。這裏已隱約涉及了「對手方」的多元化和一些作者的苦衷：如果要針對「懂得的人」寫那種可以在其腦子裏「留個印象」的文章，恐怕就不容易適應廣泛的「中國人」，難免被「罵」；[12]但若努力去「適應」更多的讀者，或許就不能在那些「懂得的人」的腦子裏「留個印象」。而只有後者才「不容易忘」，可以放得久一些。

顧頡剛曾聞王國維說，「予考據不為工，特工於作考據文耳」。顧先生以為「此固為謙，而其作文邏輯性強，有說服力則可知」。[13]黃侃也認為，王國維「少不好讀注疏，中年乃治經，倉皇立說，挾其辯給，以炫耀後生」。[14]此雖從負面看，其見解與王自視略同。而王國維的自述，謙中仍有自得，略近於夫子自謂「述而不作」，不可全視為

---

12 其實「罵」也是一種較正面的反應，蓋其隱喻著期待，真正的負面反應是冷漠和視而不見，魯迅當年曾反覆述及。

13 顧洪編：《顧頡剛學術文化隨筆》，北京：中國青年出版社，1998年，311頁。

14 《黃侃日記》，1928年6月18日，南京：江蘇教育出版社，2001年，302頁。按黃侃是曾經反清的革命派，而王國維則公開認同遜清朝廷，故黃不看好王的學問，除學問異同（一偏漢學一偏宋學）外，也不排除有些「漢賊不兩立」的心態隱伏其中。

謙遜。蓋其治學對象與羅振玉相近,然因其先治西方文學哲學而返歸
經史,在思考和表述能力上與羅頗不同,而社會反響也大異。這正體
現了「學術」本身的典範轉移——考據之工與否和作考據文的工與
否,過去是兩事,現在則相互影響。學術表述的重要性提高,也意味
著當下的社會接受與否的重要性提高。

　　一向關注讀者也講究表述清通的胡適曾論及民初以章士釗為代表
的「邏輯文學」派的政論文章,據他的觀察,那種謹嚴的文章,「在
當日實在沒有多大的效果。做的人非常賣氣力,讀的人也須十分用氣
力,方才讀得懂。因此,這種文章的讀者仍舊只限於極少數的人」。[15]
隨著大眾的興起,今日即使專業讀者也漸呈「大眾化」傾向。以史學
為例,史料稍多的作品或徑斥為繁瑣,或婉尊為縈繞;閱讀時稍需
「勞心」思索的論著往往被「譽為」難懂,遑論那些必須「十分用氣
力方才讀得懂」的文章了;而最受歡迎的則是「眉目了然」、膽大敢
言而結論簡明者。[16]

　　問題是,不論刊物還是作者對學術是否還有「提高」的責任?胡
適在1920年北大的開學演講中,討論普及與提高的關係,主張北大應
側重提高的手段。陳獨秀不久即寫出《提高與普及》的短文回應,以
為「一國底學術不提高固然沒有高等文化,不普及那便是使一國底文
化成了貴族的而非平民的」。他不同意胡適的看法,主張「大學程度

15　胡適:《五十年來中國之文學》,《胡適全集》(2),合肥:安徽教育出版社,2003
　　年,308頁。

16　在某種程度上,今日不少大學生(包括本科生和研究生)對課程的要求也有類似的
　　傾向:許多學生口中常帶民主、自由一類名詞,然不論是講授課還是討論課,願意
　　發揮自己「主導作用」的卻不多,似乎早已習慣而且相當願意被人「灌輸」,很有
　　些詭論意味。受此慣習影響,一般是寧願聽講而不願上討論課,而聽講又更喜歡那
　　種可以不經思索或自己斟酌便可全盤接受的「系統知識」。這實在是一個很可怕的
　　現象。

固然要提高，同時也要普及」，兩樣都不能偏廢。雖然他也承認「學術界自然不能免只有極少數人享有的部分」，但「這種貴族式的古董式的部分，總得使他盡量減少才好」。[17]

陳獨秀所言和前引錢穆的思慮有相通之處，澄清天下本是傳統士人的「己任」，當年新文化人也一面主張為學術而學術，一面仍努力影響和改造社會，想要「與一般人生出交涉」。故學人究竟側重普及還是提高，的確是新學術體制確立後一個始終縈繞於學者心中的問題。

傅斯年在申論史語所工作旨趣就明言，「我們不做或者反對所謂普及那一行中的工作」。他只要求「有十幾個書院的學究肯把他們的一生消耗到這些不生利的事物上，也就足以點綴國家之崇尚學術了」。傅先生表面聲稱歷史語言這類學術「沒有一般的用處，自然用不著去引誘別人也好這個」，其實他恰擔心參與的人多了可能「帶進了烏煙瘴氣」。[18]簡言之，傅先生正欲維持學術的「貴族式」意味。但這一取向並非當年學界的共識，傅斯年的北大同學顧頡剛就一生都不僅注重自己研究，且致力於某種學術普及的工作（詳另文）。

如果將範圍縮小到「學術」範圍之內，刊物和作者對學術似亦有「提高」的歷史責任，即對後代而言，這一代學人對其所治之學是否有哪怕是微末的實際推進，或至少不至於降低了既存的研究水準和表述品味。

繆荃孫在民國初年說，「小叫天到上海銃了，並非唱戲人退化，實看戲人不能知叫天好處（所謂程度不夠），但見派頭與上海不合耳。」[19]此語甚可思。當所謂行內的讀者也漸呈「大眾化」傾向而企

---

17 《胡適之先生言說詞》，《北京大學日刊》，1920年9月18日，3版；陳獨秀：《隨感錄·提高與普及》，《新青年》，8卷4號（1920年12月），5-6頁（欄頁）。

18 參見傅斯年：《歷史語言研究所工作之旨趣》，《傅斯年全集》，第4冊，263頁。

19 繆荃孫致曹元忠（揆一），時間約在民國初年，《繆荃孫手劄》，王翠蘭整理，《歷史

求「短頻快」之時,專業刊物和作者是迎合其「程度」還是嘗試提高其「程度」?治學者固當努力於自身表述的清通,有時也還真不能不考慮得稍長遠一點:許多年後,假如那時的讀者水準稍高而追求旨遠意長的著述,而眼中所見吾儕所著皆言無餘韻之作,會不會太看輕這一代學人?

關於學術表述和普及提高的問題我還會有專文探討,這裏不擬深入。如果承認學術作品的讀者也是學術建制的一部分,則學術作品的「對手方」(即接受者)對「知識」建構的參與和作用,以及對學術傳統形成的影響,都是我們過去相對忽視而又非常值得深思的重要問題。同時,今日一般所說的學術作品,大概屬於傅斯年所說「對手方」有限而「局促於一種人」的範圍;但這一局促是相對於廣泛的「人人」而言,對個體和群體的學術生產者而言,這「對手方」的範圍已經相當開闊了。

進而言之,任何具體學術作品產生和因應的時代背景、社會情狀,可以相當寬泛,而且可能是多重的或歧異的。今日中國研究已成名副其實的世界性學術,即使在中國從事自身的近代史研究,實際也要因應兩個方面——既要關注國外的整體史學發展(不僅是中國史研究),又要適應中國大陸本身的學術語境。換言之,我們的學術表述實際面對著兩個或更多「問題意識」相當不同的「對手方」。這就要求我們對中外「學情」的差異有充分的認識,並與國外的研究進行充分的「對話」。

(原刊《歷史研究》2004年4期,後面一些內容已併入他文)

文獻》第1輯,上海圖書館歷史文獻研究所編,上海:上海社科院出版社,1999年,166頁。

往昔非我：訓詁、翻譯與歷史文本解讀[*]

　　史所記述，無非人物事蹟。事有大小常乖，跡有虛實深淺，最是吃緊之處。蔡元培曾說：「編纂為探跡之學。凡所看記敘之書（日本人所謂歷史的），皆屬之。」[1]這也可說是讀史方法，則史亦為探跡之學。惟跡不易探。蓋跡微則易隱，甚至如章太炎所說，「空中鳥跡，甫見而形已逝」。[2]再加上「先王之陳跡」，未必即其「所以跡」（《莊子‧天運》）；而任何文字記載又多少帶有翻譯之意味（詳後），則文本中跡之深淺，有時或更多反映翻譯者（即記載者）的意志。這些都增添了史料解讀的困難。然而文史不分家，訓詁本也近似於翻譯。若明確往昔的非我特性，承認文字記載的部分失真，進而嘗試觀空與觀時的互動，或亦不失為一可以探索的取向。

一　引言：郢書燕說的啟示

　　世人多知「郢書燕說」的成語，出自《韓非子》，原文說：

---

*　本文初稿曾在北京大學歷史學系「中國現代史文獻資料及專著選讀」課上討論，承各同學糾謬；後又在臺灣大學文學院陳述，承吳展良教授指教，謹此一併致謝！

1　蔡元培：《南洋公學特班生學習辦法》（1901年），《蔡元培全集》，高平叔編，第1卷，134頁。

2　章太炎：《國故論衡‧文學總略》，上海：上海古籍出版社，2003年，54頁。

郢人有遺燕相國書者，夜書，火不明，因謂持燭者曰：「舉
燭。」云而過書舉燭。舉燭，非書意也。燕相受書而悅之，
曰：「舉燭者，尚明也；尚明也者，舉賢而任之。」燕相白
王，王大悅，國以治。治則治矣，非書意也。今世學者，多似
此類。（《外儲說左上》）

後人用此成語，多從望文生義的曲解一面申發。其實韓非子想要
強調的，是燕國雖治，不過歪打正著，並非郢人書意；其意在反對當
時學者那種事事「謀先王」、而不論其是否「適國事」的僵化取向
（略近於後世所謂「教條主義」）。韓非子更明確指出：

先王之言，有其所為小，而世意之大者；有其所為大，而世意
之小者；未可必知也。……故先王有郢書，而後世多燕說。
（《外儲說左上》）

綜其所說，顯然有距離導致誤會的引申意，並將空間的距離轉喻
於時間之上。這樣，郢人和燕人之間共時性的空間差異，就可以變通
為先王與後人之間歷時性的差異。從認識論的視角看，這樣一種時空
互換的觀念，極有啟示性。對研究者而言，異時代的人和事與不同空
間的人和事相類，都可視為「他人」或「他人的」。簡言之，往昔就
是「非我」（the other）或「他人」，亦即「過去就是外國」（the past is
a foreign country），前些年已有西人以此為題進行了系統論述。[3]

---

3 David Lowenthal, *The Past is a Foreign Country*, Cambridge: Cambridge University
Press, 1985. 又，此書出版後引發了爭論，Lowenthal也有所回應，參見Tim Ingold
ed., *Key Debates in Anthropology*, London and New York: Routledge,1996. 此承北京大
學歷史學系王果同學提示。

這樣，古今之別，也可以說是人我之別。更確切說，今昔之別，便常常是人我之別。今人每說大學裏大一和大四的人已有「代溝」，或稍近戲言；然歷史變遷有疾有徐，就變動大的時段言，有時候不過幾十年，先後之人確已少有真正「共同」的語言。梁啟超1910年已說，「予之始與國中士大夫接也，不過二十年耳，而前後所睹聞，已如隔世」。[4]傅斯年後更明言：「亡清末年，世事之大變在醞釀中；中國如此，西洋亦然。吾輩年五十者，追憶總角所見，恍如隔世。若以質諸三十許人，不特無所知，即告之亦有所不信也。」[5]在世事多變的近代中國，相差二十歲，不僅所知所見可能完全不同，甚至已無法對話。

既無「共同」的語言在，不同時代的本國人也就類似於外國人了。故對今人來說，即使同一文化系統內的昔人，實際也已是「非我」或「他人」。也就是說，地域甚至種族的共同或延續，不一定能保證文化的連續性。至少，在文化的連續性之中，可以而且實際存在著很多的斷裂。古今的「中國」人，也可說是屬於不同的「文化」，則古文亦不啻外文。

從清末起，就有趨新者不滿於中國的「言文不一」，到新文化運動時，類似的言說更達到高峰。其實，從古文不啻外文這一文化視角看，即使口語幾千年不變（實際當然時時在變），後人也未必能理解前人。由上引傅斯年語可知，這位新文化健將自己也明白，當時雖言文一致，不同世代的人也可能無法對話。反過來，倒是那古今變化不大的文言，才真有助於文化的傳承。

傅斯年自己就說，在最早寫成文字的中國語之中，「《周誥》最難

4　梁啟超：《說國風》（1910年），《飲冰室合集・文集之二十五下》，7頁。

5　傅斯年，「呂大呂之著序」（1945年），臺北中研院史語所藏傅斯年檔案。

懂。不是因為他格外的文,恰恰反面,《周誥》中或者含有甚高之白話成分」;而比《周誥》晚不了多少的《周頌》,「竟比較容易懂些」了,乃是因為後者接近「春秋戰國以來演進成的文言」。[6]朱子早就注意到:「《漢書》有秀才做底文字,有婦人做底文字,亦有當時獄辭者。秀才文章便易曉,當時文字多碎句難讀。」[7]恰因其表述標準基本不變,不同時代的人都用大體一致的方式寫作,文言比白話更持久,也更易為後人解讀。[8]

所謂語言的「共同」,不僅是字面的,更體現在表意的共同,即特定的字詞和次序(修辭方式或語法)表達著特定的意謂。中國歷代的「文言」當然是有變化的,有些還是有意求變的突破,但在「天不變道亦不變」基礎上,使用者多帶有一種「此心同,彼心同」的預設——大體是在「出新意於法度之中」的框架裏求變,而在表意的基本層面,卻體現出一種尋求不變的願望。這樣一種意向性的共識,實有助於文化的傳承。一旦文字使用者喪失了表意的共同,也就沒有多少「共同語言」了。

自漢代以孔子為代表的儒家從爭鳴中脫穎而出,被確立為獨尊的思想,記載其學說的文獻,也就成為具有正統意識形態地位的經典,指導著國家、社會和日常生活。經典是所有讀書人的必讀文獻,很多人也確信可以由經見道。然而,由於「古今異言」始終存在(程度容有不同),典籍既不能不讀,所以有訓詁的必要。在後人的圖書分類中,小學置於經學大類之下,最能體現訓詁與讀經的關聯。

---

6 此外,傅先生也懷疑兩者「大約不在一個方言系統中」,有著空間的隔閡。參見傅斯年:《中國古代文學史講義·泛論》(1928年),《傅斯年全集》,第1冊,35-36頁。

7 《朱子語類》卷134,轉引自錢鍾書:《管錐編》,第3冊,1108頁。

8 其實「文言」的表述標準也一直在變。文要求「工」,但具體何謂「工」,往往存在區域和時代的諸多差異;然而類似「辭達意」這類基本的標準,卻是延續的。此非一言可以蔽之,且已逾越本文範圍,此不贅。

今人說到「過去是外國」，常常引外國說法。[9]其實類似的意思，在中國古籍中並不少見。孔子曾說：「言之不文，行而不遠。」歷代詮釋者，常辨析此「遠」究竟是指時間還是指空間。很可能兩皆其指，至少也兩解並存。而《莊子》中的師金論世變說，「古今非水陸與？周魯非舟車與？今蘄行周於魯，是猶推舟於陸也」（《莊子·天運》）。意謂古今的時間差異就像水陸的不同空間，故周之古道不能行於後之魯國。王充在解釋後人因「世相離遠」而難解「經傳之文」時，也很自然地以「古今言殊，四方談異」對舉，以申說時代不同則導致「語異」的現象（《論衡·自紀篇》）。在訓詁領域，這更是一個近於常識的表述。

二 訓詁與翻譯

昔之從事訓詁者，咸知「古今異語」或「古今異言」。晉人郭璞注《爾雅·釋宮》，便已說《爾雅》就是要「通古今之異語」。唐人孔穎達疏解《毛詩·關雎》，更明言：「『詁者，古也。古今異言，通之使人知也。」這已成為日後關於《爾雅》的一個基本見解。[10]戴震後來說，懂得六藝要靠《爾雅》，其「所以通古今之異言，然後能諷誦乎章句，以求適於至道」。蓋「士生三古後，時之相去千百年之久，視夫地之相隔千百里之遠無以異」。而正因「時之相去，殆無異地之相遠」；千載後士人「求道於典章制度」，不能不依賴經師講授以通故

---

9 如錢鍾書即曾引某西人語，謂「外國即當代之後世」，故此國看「外國」，與後世看「前世」相類。錢鍾書：《管錐編》，第4冊，1407頁。

10 均轉引自陳澧：《東塾讀書記·小學》，《陳澧集》，黃國聲主編，上海：上海古籍出版社，2008年，第2冊，215頁。

訓，此「無異譯言以為之傳導」。[11]

戴震不僅明確了在文字理解方面時間的距離等同於空間的距離，且正式提出「譯言」的概念。這也成為後來許多人的共見，陳澧就認為：「時有古今，猶地有東西有南北。相隔遠，則言語不通矣。地遠則有翻譯，時遠則有訓詁。有翻譯則能使別國如鄉鄰（《方言》即翻譯也），有訓詁則能使古今如旦暮。」兩者功能，皆在使不通者通。[12] 入民國後，黃侃主張「解古書，在譯之為今語而順，考之於心而安」。[13]他也將古書的解讀視作今昔之間的翻譯，不過更為謹慎，缺乏陳澧那種「能使古今如旦暮」的樂觀。

的確，對往昔的異己感（sense of foreignness），隱約體現出古今之間溝通的不夠成功。歷代學人中，清儒特別強調小學，部分可能即因為清代去古更遠，所以對「古今異言」的感觸也更強（通常小學功夫愈深則愈謹慎，只有不長於小學者，才有陳澧那樣的樂觀）。訓詁學固然提示著古今異言可通的信心，但如戴震所說，由於「遺文垂絕，今古懸隔」，訓詁的能力也有其局限，有些「昔之婦孺聞而輒曉者，更經學大師轉相講授，而仍留疑義」。[14]且正因訓詁已成為翻譯，則其部分失真的可能性已經隱伏於此了。

後來蔡元培順著這一理解，有進一步的提升。他隱約感覺到，思想或言說一旦形成文字，對其理解就帶有「譯學」的性質。清末蔡氏曾在譯學館授國文，乃主張譯學館所授之任何學問，「固無一而非譯學」。外語不必論。

---

11 戴震：《爾雅文字考序》、《古經解鉤沉序》，《戴震全書》，合肥：黃山書社，1995年，第6冊，275、377頁。

12 陳澧：《東塾讀書記·小學》，《陳澧集》，第2冊，215頁。

13 武酉山：《追悼黃季剛師》（1935年），程千帆、唐文編：《量守廬學記：黃侃的生平和學術》，北京：三聯書店，2006年，98頁。

14 戴震：《古經解鉤沉序》，《戴震全書》，第6冊，377頁。

　　至於國文之書，亦無論其為科學，為文詞，諸君試取而為他人解說之，果能一字不易乎？又試諸君以己所演說之語，執筆而記錄之，又能一字不易乎？皆不能。則以諸君所語者今之語，而所讀所記則皆古之文也。是亦譯也。是故外國語之為譯學也，以此譯彼，域以地者也，謂之橫譯；國文之為譯學也，以今譯古，域以時者也，謂之縱譯。[15]

　　他進而提出：「文詞者，言語之代表；言語者，意識之代表。同一意識也，而以異地之人言之，則其言語不同；是之語之與意識，並非有必不可易之關係。」也就是說，言語不過表現意識的符號。「由意識而為語言，一譯也，此中外之所同也；由語言而為文字，再譯也，此我國之所獨也」。同樣是學寫作，「彼外國人於一譯而得之」，而「我國人乃於再譯而得之」。

　　蔡元培所謂「同一意識也，而以異地之人言之，則其言語不同」；而「國文之為譯學也，以今譯古，域以時者也，謂之縱譯」等，清晰可見小學的影響。他的本意，是要說明中國的言文不一，開後來新文化運動反傳統的先河。但他於無意之中實有所悟，只不過未曾上升到意識層面而已。我們只要把他關於言文不一的指謂去掉，留其言說的其他部分，其意思就相當高遠了：

　　文詞者，言語之代表；言語者，意識之代表。由意識而為語言，一譯也；由語言而為文字，再譯也。雖國文之書，無論其為科學，為文詞，諸君試取而為他人解說之，果能一字不易

15 本段與下段，蔡元培：《《國文學講義》》敘言》（1901年），《蔡元培全集》，第1卷，390-391頁（標點有更易）。

> 乎？又試諸君以己所演說之語，執筆而記錄之，又能一字不易
> 乎？皆不能。則以諸君所語者為口說，而所讀所記則皆文字
> 也，是亦譯也。

這當然是一種減字解經的方式，不必是蔡先生之本意。但也不能否認他已有類似的感悟，不過因其想要強調「言文不一」的針對性太強，而未能將其明白表出而已。傅斯年後來論及同一問題時就說：

> 文不盡言，言不盡意。言語本為思想之利器，用之以宣達者。
> 無如思想之體，原無涯略；言語之用，時有困窮。自思想轉為
> 言語，經一度之翻譯，思想之失者，不知其幾何矣。文辭本以
> 代言語，其用乃不能恰如言語之情。自言語專〔轉〕為文辭，
> 經二度之翻譯，思想之失者，更不知其幾何矣。[16]

「書不盡言，言不盡意」，本是中國流傳甚廣的基本觀念，後且成為書信中的套語。而劉知幾所謂「言之者彼此有殊，故書之者是非無定」（《史通・採撰》），也已婉轉說出，說和寫同為表述，卻有階段的不同。前人或已意識到言有盡而思無涯，甚至每次的「不盡」都使原初的意思有所失，然而明確將其視為循序漸進的階段，且每一階段的「不盡」皆類翻譯，大概還是「譯學」出現後的新知。

信奉馬克思主義關於存在決定意識的劉靜白後來說，「歷史也是一種物質的科學、客觀的科學」，則「歷史底一定的對象當然也是客觀的存在」。這樣，「歷史就是現實的運動，因而史料第一就是現實運動底遺留，及其在概念與思維上的反映」。復因歷史的時間性，任何

---

16 傅斯年：《文學革新申義》，《新青年》4卷1號（1918年1月），67頁。

「現在」不久即成為「過去」。而「這一切成了『過去』的各『現在』底遺留（器物）及被翻譯了的運動（記載等），在發展變化之中，或以原樣，或經過蒸餾，而部分地存續下來，這便是我們現今之所謂史料」。[17]

像這樣界定史料，特別是文字史料，甚有所見。換言之，當意識成為言語，其思考的行動即已由「現在」成為「過去」；一旦從口說變為文字記載，那言說一刻的行動之「現在」又已成為「過去」。每次從「現在」到「過去」的轉化都是一種轉譯，其實已經有所轉變；待讀者來解讀文本時，又已是更進一層的轉譯了。結合蔡、傅、劉三氏之所言，一方面不能不承認，由於這層層的轉譯，讀者可能很難回溯到文本真正的本義；另一方面，意識到這層層的轉譯，也可能有助於追溯到原初的本義。

不僅任何記載都可能具有某種程度的「翻譯」意味，且這樣的翻譯可能非常隱晦而被解讀者忽略。子貢很早就對史書所記述的商紂王罪惡有所懷疑，故曾指出，「紂之不善，不如是之甚也。是以君子惡居下流，天下之惡盡歸焉」（《論語・子張》）。若天下之惡可以盡歸下流，則天下之善也可能盡歸上流。胡適1921年的日記曾說：外間傳說陳獨秀力勸他離婚而他不肯，「此真厚誣陳獨秀而過譽胡適之了！大概人情愛抑彼揚此，他們欲罵獨秀，故不知不覺的造此大誑」。[18]

按陳獨秀當年頗不注意細行，且曾嘗試過「家庭革命」，而胡適則待人一向溫和周到，結果形成上述傾向性明顯的時代認知

---

17 劉靜白：《何炳松歷史學批判》，上海：辛墾書店，1933年，83頁。據該書的英文封面，劉氏的英文名是Gilbert Liu，而「辛墾」乃是thinking的譯音。此書先連載於《二十世紀》第2卷4-6期。全書整體水準一般，這可能是那本書中最顯水準的一段話。儘管可能是抄來的，仍應有自己的體悟。

18 《胡適日記全編》（曹伯言整理，合肥：安徽教育出版社，2001年），1921年8月30日（9月1日眉批），第3冊，453頁。

（perception），與事實頗有出入。[19]更重要的是，胡適所說「人情」在「不知不覺」中所起的作用，提示著很多傾向性明顯的時代認知，其實可能是帶有偏見的翻譯，包含著程度不等的「厚誣」和「過譽」。把這樣的認知記錄下來，應也可說是當時的實錄。然而其「實」的一面，僅落在社會「認知」一層；若據此以認識和詮釋胡、陳，則不啻在「厚誣」和「過譽」基礎上的進一步翻譯，可能距歷史真相更遠。

歷史記載的這類「翻譯」，至少在史學界，過去很多人是不甚注意的。這一層面的史料辨析和解讀，相當微妙，擬另文探討。從蔡元培所謂「橫譯」和「縱譯」的共性看，史學與「翻譯」最直接的關聯，當然還是「過去」與「外國」那類似的一面。尤其生於斯長於斯的本土學者，更容易忽略往昔的非我特性；不注意時間上的人我之別，雖高手也難免出問題。若把往昔視作非我來研究，以學外語的方式接近歷史，就更能認識到記載中的「翻譯」成分，反可以減少詮釋中的「外國」意味。

從根本言，古今不僅異言，且常處於不同的意義世界。在最淺白的層面，也還有古今異制的因素。丁文江曾根據漢唐宋明正史上有傳的人之籍貫，做了一個人物地理分配表，據此進行了不少歸納和分析，寫出一篇《歷史人物與地理的關係》，頗得梁啟超讚揚。但傅斯年則指出，丁文江「拿現在的省為單位」，去分割古代史，若僅討論元明清三朝，大略還可以；再進而「去分割前此而上的人，反而把當時人物在當時地理上的分配之真正 perspective 零亂啦」。因此，可以說「丁先生的表是個英語文法在漢語中分配的表」。[20]古今異制的被忽

---

19 參見羅志田：《他永遠是他自己——陳獨秀的人生和心路》，《四川大學學報》2010年5期。

20 參見梁啟超：《歷史統計學》（1922年），《飲冰室合集・文集之三十九》，71-76頁；

視，遂導致以英語文法來表述漢語的結果。

不幸的是，類似的現象仍在重複。李濟後來注意到，有位研究中國古代史的外國漢學家，就「把若干少數民族在中國境內近代地域的分佈情形，用作解釋兩千年前的中國歷史。並做了若干推論，說中國文化受了很大的土耳其的影響」。這是試圖「利用各種的時髦的社會學理論解釋中國上古史」努力的一部分，但這些人「不但對於社會學這門學問本身沒有下過功夫，連中國上古史的原始資料也認識不了許多」，卻因其「說法新穎，往往就迷住了」一般的讀者。[21]

一般而言，人類學的特長是能夠進入異文化，則其與訓詁學本有異曲同工之處。而人類學特別強調通過學習瞭解異文化以認識異文化，這方面甚至超過試圖「譯言以為之傳導」的訓詁學。不過，今日國內有些試圖在文獻中「做田野」的人類學愛好者，卻像李濟所看到的，對人類學這門學問本身沒有下過功夫，甚至拋棄了長期同吃同住這一田野工作的基本規範，與文獻略有交接，便抽身他去，旋即構建出一系列新穎的說法，倒也確實能「迷住」不少讀者；唯多如陳寅恪所說，「其言論愈有條理統系，則去古人學說之真相愈遠」。[22]

從實踐看，各種外來的新學理，對中國學術的推動是很明顯的。梁啟超當年就觀察到，整理國故之所以風行，就因為「吾儕受外來學術之影響，採彼都治學方法以理吾故物。於是乎昔人絕未注意之資料，映吾眼而忽瑩；昔人認為不可理之系統，經吾手而忽整；乃至昔人不甚瞭解之語句，旋吾腦而忽暢」。但也正因此，「吾儕每喜以歐美

傅斯年：《評丁文江〈歷史人物與地理的關係〉》（1924年），《國立中山大學語言歷史研究所周刊》，1集10期（1928年1月3日），221頁。

21 李濟：《再談中國上古史的重建問題》（1962年），《李濟考古學論文選集》，張光直、李光謨編，97頁。

22 陳寅恪：《馮友蘭〈中國哲學史〉上冊審查報告》（1930年），《金明館叢稿二編》，北京：三聯書店，2001年，280頁。

現代名詞訓釋古書，甚或以歐美現代思想衡量古人」。這無疑是進一層的「翻譯」，其好處是常可見昔人視若無睹者，增進許多認識；但也可能「以名實不相副之解釋，致讀者起幻蔽」。[23]李濟在差不多半個世紀後之所見，正梁啟超當年之所憂。[24]

一方面，「以歐美現代思想衡量古人」，不排除有特別的啟發，但很容易出問題；另一方面，「以歐美現代名詞訓釋古書」，雖容易生出偏見，卻也可起到建設性的作用。關鍵是要在意識層面充分認識到從記載到詮釋那層層「翻譯」的可能性，並有所因應。如傅斯年所說，由於歷代地理行政區劃的更易，使得民國時的「中國」與漢唐時的「中國」的關係，已類同於英語和漢語的關係。就像不同的語言各有其語法，不同時代也各有其思想理路。故蒙思明指出，對歷史研究者來說，「就是同樣的中文，也不是那樣容易懂的。如要懂得古書書中的古字古義」，例如「元代流行的白話之類，也須要相當修養；不是能懂得普通中國文字的人就能看懂的」。[25]

蒙文通說得更明晰，在他看來，湯用彤的《魏晉玄學論稿》，當世沒有「幾人能讀得此書明白親切」。他自己因「略於王弼《老子注》校讎有年」，讀該書時乃「稍知其每造一句、每下一字皆有來歷。此唯精熟古書而後能之。必先於魏晉學術語言有所體會，方能辨識古人思想。苟於此許多名詞不習慣、無體會（這也得下三數年工夫），就不能讀此書」。蒙先生以為：「治周秦、魏晉、宋明哲學之不

---

23 梁啟超：《先秦政治思想史》（1922年），《飲冰室合集・專集之五十》，13頁。

24 有些好用西方概念來觀察分析中國歷史的本土學者，本是通過「譯學」接觸到其所使用的外來概念，若對這些外來詞彙的本意瞭解不足，則誤用的可能便增大。換言之，外國人以外國眼光看中國歷史，雖可能有隔膜誤會的一面，畢竟其所使用的工具是自己熟悉的；中國人學外國人以外國眼光看中國歷史，其所使用的工具卻是自己生疏的，不啻一種雙重的隔膜，產生更進一層誤解的可能性也更大。

25 蒙思明：《研究題目的選擇》，《華文月刊》，2卷2、3期合刊（1943年7月），32-33頁。

易，即是對當時語言詞彙之不易瞭解」。這是首先最難通過的一關，「非真積力久，不能洞悉當時語言所指之內容函義」。一言以蔽之，「這也等於學一種別國文字」。若「懂得名詞，也就懂得思想了」。[26]

也就是說，從意識到言語再到文字的層層轉譯，確實增添了回溯到史料本義的困難；但若明確了任何記載都帶有「翻譯」意味，則解讀者通過考察和瞭解立言者的本意，也能夠破譯至少一部分原初的本義。陳寅恪就強調：「一時代之名詞，有一時代之界說。其涵義之廣狹，隨政治社會變遷而不同。往往巨大之糾紛訛謬，即因茲細故而起。此尤為治史學者所宜審慎也。」[27]故「證釋古事者，不得不注意其時代限制」。[28]

用韓非子的話說，先王與後世之人的距離，既可以是時間的，也可以理解為空間的；則時間層面的「外國」或「他人」，亦自有其所謂「地方性知識」。後者常被研究者忽視。[29]恐怕也只能回到先王的時空之中去理解先王所言之本意，才可能真正瞭解先王。今人無法回到往昔，但常去異地甚或異國，對所謂文化的衝擊（cultural shock），多少都有實際的感受。故認識往昔的一個可能的取向，即充分利用時空可以虛擬互換的特性，嘗試觀空與觀時的互動。

---

26 蒙文通致湯用彤，1957年，《蒙文通先生論學來往信函》，收入《蒙文通先生誕辰110週年紀念文集》，四川大學歷史文化學院編，36頁。

27 陳寅恪：《元代漢人譯名考》，《金明館叢稿二編》，105頁。

28 陳寅恪：《元白詩箋證稿》，北京：三聯書店，2001年，171頁。

29 1989年成立的歐洲社會人類學家協會在1990年召開第一次學術研討會，會後出版的論文集《非我之史》（*Other Histories*）就基本用歐洲的實例來說明還有許多實際存在的歐洲歷史未曾納入一般認知中的「歐洲」。特別能凸顯往昔成為「化外」的異邦特點（此書現有中譯本，克斯汀·海斯翠普編，《他者的歷史》，賈士蘅譯）。

三　觀空與觀時的互動

　　前面說到，古今的異言，更多體現在表意的不同。而史家通常都假定，在一個共同的時空範圍裏，便存在著某種共同分享的意義世界和表意方式。然而孔子早就覺察到，即使在一個在意義世界相同、表意方式相類的自然空間裏，也可能發生一些交流行為不能準確傳達意義的結果，所以他特地把「人不知而不慍」置於基本的位置。[30]

　　人既然不能充分表述自己，也就難以完全瞭解他人。人與人之間難免誤解，卻又不能不尋求溝通，恐怕是人類各時代各社會的「人之常情」，在激變時代則更為顯著。如在民初新舊對立之時，傅斯年「最感苦痛的事情」，就是「每逢和人辯論的時候，有許多話說不出來——對著那種人說不出來；——就是說出來了，他依然不管我說，專說他的；我依然不管他說，專說我的」。[31]雖時隔兩千多年，傅斯年和孔子實有類似的認知，不過一「不慍」而一「苦痛」而已。

　　生活在社會之中的人，明知表述自己和瞭解他人的難處，仍不得不知難而進。章學誠論相知之難說，「人之所以異於木石者，情也；情之所以可貴者，相悅以解也」。[32]所謂「相悅以解」，即特別凸顯相知的雙向性。斯金納（Quentin Skinner）也強調，表述是一種「言語行為」（speech-act），並有著環繞此行動的「慣習」（convention），即行為的目的是為了與該行為發出者設定的接受人進行交流。要使該交

---

[30] 至少孔門弟子以為這是孔子想要強調的意思，故在整理《論語》時將此意置於幾乎最前列的位置。

[31] 按傅先生以為，這是由於雙方的「思想式」和「人生觀」都「絕然不同」，致使「一切事項都沒接近的機緣」。因此，只有一方的根本觀念「化」了另一方的根本觀念，有了「公同依據的標準」，才可能讓雙方接近；「如若化不來，只好作為罷論」。傅斯年：《人生問題發端》（1918年11月13日），《新潮》，1卷1號（1919年1月），5頁。

[32] 章學誠：《文史通義 · 知難》，127頁。

流行為能夠傳達意義，就必須在兩者共有的意義世界內進行。[33]

在具體史事的研究中，時間的位置是既定的，更要注意「空間」的人為構建特性及其延續性。大部分人生活在傳統、環境甚至自我構建的「空間」——他們真正關注的範圍——之中：在那裏他們「看見」的東西其實是經過有意無意的選擇和過濾的，即他們視其所欲見，聽其所欲聞，而述其所欲言。許多實際「發生」在周圍的事，甚至可能是名副其實的大事，對不關心的人而言，也多半會視而不見、聽而不聞，自然也很少出現在其言談之中。

也就是說，同時生活在一個自然空間裏的人，不一定也生活在相同的意義世界之中。故即使對同時同地的各社群來說，不同思想觀念的交鋒甚或「文化衝擊」，也可能是經常出現的事。不同「類型」的人，在很大程度上相互都是「他人」（近代中國的城鄉差別，最是顯例），甚至可以說使用著不同的「語言」（即一些常用詞或關鍵字的指謂其實很不相同），因而也都存在社會／文化／習慣的交叉、重疊和交流的問題。進而言之，所謂雅、俗，也可以體現在同一「類」人之中；在任何領域裏，都不僅有成就的高低，也有品味的差異（詳另文）。

前引朱子所說秀才、婦人和獄辭各有不同的「文字」，更是一個同時同地而意義世界不同的好例。傅斯年也曾有類似的觀察，且說出一些「所以然」的道理。他指出：《論語》中的一些話，「除去書院中的學究，是沒有人可以懂得的了」。而《詩經》就不然，隨便舉一篇《鄭風·出其東門》，裏面「我有好幾個不認識的字，好幾件不了然的物事。然而世上人，除去書院中的學究，是沒有人可以不懂得的了。因為這類故事，是『古今一貫』的」。簡言之：

---

33 Quentin Skinner, "Conventions and the Understanding of Speech Acts," *The Philosophical Quarterly*, vol. 20, no. 79(Apr., 1970), pp. 118-38.

《論語》對手方是有限的人，他的環境是窄的；《詩經》的對
手方是人人，他的環境是個個的。所以《詩經》雖然為是韻文
的原故，字句已不如常言，尚可大多數了然；而《論語》的精
華或糟粕，已有好些隨魯國當年士大夫階級的社會情狀而消
散，文句的自然，不能幫他保留長久。[34]

同理，不同的學科，也都可以說是獨立或半獨立的領域。裴匡盧
論治學說，人非全知全能，故「凡人於一種學問，已得門徑，〖乃〗
意趣日出」；若「舍其素習而讀他種書，則雖宿儒無異初學；苟非以
全力攻破其難關，將見始終格格不入」。[35]羅家倫也曾體會到，留學生
初到外國，要「拼命的用功，才能與本門所用的術語和適當的表現相
接近」。實則任何學科皆有其特定的「術語和適當的表現」，並不限於
外語。所以他進而說，「真正治一種學問，無異重學一種特別的語
言」。[36]

類似社群、學科等虛實「空間」的人為構建，一開始未必是有意
的，很多時候是在無意之中演化而成的。然而一旦形成，卻往往體現
出強有力的延續性。相關的藩籬或邊界等，常被視為不可逾越。唯人
之所立者，當也能為人所破；人為構建的產物，自然也可以人為解構
和重構。若說凡是存在的都有其理由，解構和重構亦然。能入然後能
出。故如上所述，研究任何歷史問題，都需要以「重學一種語言」的
方式「攻破其難關」，然後可言入門，再及其餘。

---

34 此是傅斯年殘稿，撰於1923年後，大約是為一本普及字母書寫的序，整理者暫定名
　　為《作者、環境與其它》，臺北中研院史語所藏傅斯年檔案。

35 裴匡盧：《青年修習國學方法》，轉述於錢基博《十年來之國學商兌》（1935年），
　　《錢基博學術論著選》，曹毓英選編，42頁。

36 《羅志希先生來信》，《晨報副刊》，1923年10月19日，1版。

　　對史學而言，更大的困難在於史家面對的是無語的往昔。今人頗注意到某些社會群體在史學論述中的「失語」（voiceless），然而在某種程度上，史學的研究對象可以說根本是「無語」的。我曾引用馬克思曾關於19世紀的法國小農「不能代表自己，一定要別人來代表他們」的名言，[37]以為可以套用此話說，已逝的往昔其實是無語的，它不能在後人的時代中表述自己，它只能被後人表述。

　　俗話說，一個巴掌拍不響。其實只要拍到東西，當能有聲；此蓋特指鼓掌，以喻溝通當為雙向的，而不能僅為單向之一廂情願也。然而史學恰好是一個巴掌也不得不拍響的學問。面對著無語的往昔，歷史研究始終是一種沒有也不可能有對話的單向偵測，也就基本排除了「相悅以解」的可能性，卻又不能不以瞭解非我為目標。且史家所偵測的對象還是不能重複的，故偵測結果也是無法驗證的，這就更凸顯了歷史研究的單向性。面對如此的重重不確定性，史家必須強化個體和集體的自律（後者亦即史學界以內的他律）。

　　依據孔子提倡的「知其不可而為之」的精神，借鑑他所說的「祭如在」的態度，不妨考慮構建一種虛擬的雙向交流——若研究的主體心目中始終有其研究的客體在，並與自身處於一種虛擬的對話狀態，則其立言之時，或會多一層瞭解之同情，少幾分信口開河。比起那些自認為可以瞭解古人勝過其自己的樂觀態度，[38]這一不那麼科學的取

---

37 馬克思：《路易・波拿巴的霧月十八日》，《馬克思恩格斯選集》，第1卷，693頁。

38 中國一向有旁觀者清的古訓，蘇軾關於身在廬山之中則不識其真面目的說法也相當流行，竊以為這都是對「自視」之弱點或盲點的警醒。就立言者而言，這也僅是一種傾向性明顯的特指，而不是所謂的全稱判斷。不論對個體的一人還是特定物理時空中的群體，他人無疑都有遠觀的優勢（包括後人看到當事人所不能見的材料），在一些具體的面相或許真能瞭解其人勝過其自己；但就整體言，我還是缺乏這樣的樂觀。蓋此不僅非常難以證明，且很容易讓研究者無意之中就走上「六經注我」這路了。

向，或不失為一種自律。而且，認識到並承認歷史研究的單向性，反有助於從方法層面明確史家和往昔的關係。

按照《淮南子・齊俗訓》的說法，有限於一時一地的是非，也有通於異時異地的是非。[39]兩者卻不必是對立的。在尊重一時一地是非的同時，正可借助異時異地相通的層面，去認識和理解那限於一時一地的是非。一方面，我們基本能理解與我們相像的事物；另一方面，理解「非我」卻必須拋棄自己的先入之見，把「非我」確實當作「異己」（即不當作「我」）來理解。[40]換言之，只有先將歷史上的認識對象明確定位為「非我」，才能在意識層面盡量避免認識的主觀性；而在認識昔人之時，又要發揮古今之人的共性，以盡量接近昔人。[41]

這樣看來，不顧時空的差異，以今情度古意，固然是史家的大忌；即使看重實證者那種「以什麼還什麼」（例如所謂以漢還漢、以唐還唐）的取向，也不過是朝著理想方向的嘗試。若認識到交流雙方需要一個兩者共有的意義世界，則史家理解往昔的基礎，或許就要先努力發現歷史當事人所具有的從廣到狹的意義世界，然後盡可能進入那個意義世界，以解讀史料。簡言之，走向以漢還漢、以唐還唐的第一步，就是盡量以漢觀漢、以唐觀唐。

柯林武德說，由於史家「能夠歷史地認識的一切，都是他能自己重新思考的那些思想」，一旦「他發現某些歷史問題難以理解時，他也就發現了自己思維的局限性」；這就意味著其「發現了有某些思想

---

39 按原文是：「至是之是無非，至非之非無是，此真是非也。若夫是於此而非於彼，非於此而是於彼者，此之謂一是一非也。此一是非，隅曲也；夫一是非，宇宙也。」前引陳寅恪關於王國維的解人有待於異時異地之人，或亦可從此理解。

40 參見保羅・利科：《法國史學對史理論的貢獻》，王建華譯，44頁。

41 當然，如何確定我們認識到的古今之人的「共性」確實是「共性」，而不是後人一廂情願的主觀認知，也是需要仔細斟酌和警惕的問題。此承北京大學歷史學系李勒旭同學提醒。

方式是他所不能、或不再能、或尚未能思考的」。被稱為「黑暗時代」的西方歷史時段，其實是很多史家「發現某些時期竟然沒有東西是可以理解的」。實際不是這些時代「黑暗」，不過是史家自身「不能重新思考成為他們生活的基礎的那些思想」而產生了「黑暗」感。[42]

這是一個非常關鍵的提醒。史家是歷史研究的主體，有時也不免主體意識過強，隨意對研究的客體下類似「黑暗」的判斷。至少對那些試圖「以什麼還什麼」的人來說，史家想要重建的那個「什麼」才是主體，而研究者不過是客體。主客既然異位，研究也當客隨主便。「六經注我」的氣魄雖令人羨慕，「我注六經」或更適應這樣的主客定位。

在某種程度上說，我們今日去讀昔人的東西，實類似讀外文。語文能力是可以通過學習和訓練獲得的，也可學得很好，但必須按照其特定的語法和表達習慣，才能運用得當。[43]借韓非子的話說，燕人要理解郢書，就只能進入郢人的思想世界，先做到郢書郢說，再言其餘。同理，後人若要理解先王之言，也只能嘗試進入先王的思想世界，依其思路言路去理解、去認識。

大到一個時代，小到一條具體的史料，當我們感覺史料難以理解時，很可能就是遇到了今昔的「異言」。對此既不能放棄努力，更不能視其為無用，應首先檢討我們自己思維的局限性，並借鑑訓詁的方式，嘗試著學習史料所出之思想方法，對其「重新思考」。同時要注意，切勿選擇性地「理解」那些看似與今人相近、甚或不過是今人之所欲見者，而以為這些才是「我們所能理解」的。儘管往昔是無語

---

42 R.G. Collingwood, *The Idea of History*, 中國社會科學出版社，1999年影印，pp. 218-19. 參見中譯本《歷史的觀念》，何兆武、張文傑譯，248頁。

43 參見Clifford Geertz, *The Interpretation of Cultures*, New York: BasicBooks, 1973, chaps. 1, 3; J.G.A. Pocock, *Politics, Language and Time*, New York: Athenaeum, 1971, chaps. 1, 7.

的，且不能復現以供驗證，但若燕人可以做到郢書郢說，後人就可能理解先王「如先王在」。

所謂過去是外國，其實就是從認識的角度進行一種虛擬的時空轉換。類似的思考方式，本古今中外所常有。前引孔子、《莊子》和王充，都曾以時空對應或借喻的方式來表述一種距離感。在一般人的認知中，「觀空」與「觀時」也往往是相連的。在舟車不是特別發達的年代，空間的遠近，常通過時間來表現和計量——如兩地間的距離，便常用行走或乘坐某種交通工具多少時或多少天來認識和表述。即使在特定交通工具不為普通人日常使用的時代，許多人也借助想像而這樣想、這樣說。這類包括想像的認知和表述，可以說是古今中外皆然（今日亦然，只是使用計量的交通工具變了）。

近代中國面臨翻天覆地的巨變，學人思想也因此獲得空前的解放。主張「思必出位」的康有為，就曾提出一種充滿想像力的世界觀，把公羊家依時間順序展開的據亂、昇平和太平三世之歷時性進程，轉化為一個「三世可以同時並行」的共時性概念，允許其並存：「或此地據亂，而彼地昇平；或此事昇平，而彼事太平；義取漸進，更無衝突。」[44]這樣一種石破天驚的出位之思，充分體現了康氏思想的創造性，尚未得到充分的注意。蓋中外言及所謂近代中國之單一「線性」史觀者，屢引康氏以為著例。其實若文野可以互易，三世又同時並行，則歷史走向又何曾是單「線性」的呢。[45]

從經學視角看，康有為的思出其位可能已經走得太遠，但他確實體現了一種時空轉換的思路。梁啟超在清末把中國史分為三段：第一上世史，「自黃帝以迄秦之一統，是為中國之中國，即中國民族自發

---

44 梁啟超：《南海康先生傳》（1901年），《飲冰室合集・文集之六》，84-85頁。

45 此當另文詳說，一些初步的看法可參見羅志田：《天下與世界：清末士人關於人類社會認知的轉變》，《中國社會科學》2007年5期。

達自爭競自團結之時代也」；第二中世史，「自秦一統後至清代乾隆之末年，是為亞洲之中國，即中國民族與亞洲各民族交涉繁賾競爭最烈之時代也」；第三近世史，「自乾隆末年以至於今日，是為世界之中國，即中國民族合同全亞洲民族與西人交涉競爭之時代也」。[46]這當然是一種想像多於實際的中國史，後兩段尤甚。若抽象看，這基本就是一種以時間為順序的同心圓空間觀，時空的展開是成正比的。

約十年後，梁啟超在討論各國各有其「國風」時，已提出各國之內，又代不同風。[47]他那時尚未說到整體的時空轉換或並存，到1923年，梁氏乃明確提出：「我國幅員廣漠，種族複雜，數千年前之初民的社會組織，與現代號稱最進步的組織，同時並存。」也就是說，在中國這塊土地上，「幾千年間一部豎的進化史，在一塊橫的地平上可以同時看出」。[48]其所思所指雖不同，仍不啻用現代話語將康有為的三世並行說落實在中國境內了。

不僅康、梁，近代中國人其實經常進行時空的互換，如以新舊置換中西、以世界置換現代等等，[49]不過這類行為多在有意無意之間，較少進入意識層面，更未曾將其上升到學理層面。不過，劉咸炘就提出，就風氣的形成言，縱橫的時空本可能「互為因果」——「土風有因時風而變者」，而「時風且有由土風而成者」。進而言之，「一時風中有數土風之別，如春秋一時也，而齊、魯、晉、楚用人行政，皆不同；戰國諸子一大風也，而楚多道家，燕、齊多陰陽家，三晉多法家」。[50]與前述同一自然空間之中盡可有不同的意義世界，恰可對應。

---

46 梁啟超：《國家思想變遷異同論》（1901年），《飲冰室合集・文集之六》，11-12頁。

47 梁啟超：《說國風》（1910年），《飲冰室合集・文集之二十五下》，6-8頁。

48 梁啟超：《治國學的兩條大路》（1923年），《飲冰室合集・文集之三十九》，112頁。

49 說詳羅志田：《古今與中外的時空互動：新文化運動時期關於整理國故的思想論爭》，《近代史研究》2000年6期。

50 劉咸炘：《治史緒論》，《推十書》，成都：成都古籍書店，1996年影印，2390-2391頁（冊三）。

　　以前講到共時性和歷時性的關係，基本將兩者視為對立的。但至少在認知層面，二者頗可相通。特別是時空的互換，即使是在虛擬層面，也意味著歷時性和共時性那可以相通的一面。且歷時性的「三世」可以共時性地存在，就揭示出一種共時與異時兼存的狀態。「外國」本是複數的，則「過去」也不必是單一的。即使就物理性的時空言，後人眼中同一的具體時空，例如東漢的益州，在時人眼中可能也是多時多空的聚合體。

　　若杜甫所謂「文章千古事，得失寸心知」，更提示著所謂「共時」的伸縮餘地極大，即千年也可為共時。反之，在歷史劇變的時代，很短的時間也需要作歷時的處理。如像近代「百日維新」那樣的事件，則一日間的細微變化也影響極大，甚至上午和下午都可能有隔世之感。若研究長程歷史者借鑑研究歷史「片斷」者對共時性的注重，而研究具體事件者也像研究長程者那樣保持歷時性的關懷，我們對往昔的認識和理解，或可更進一層。

　　時空互換的取向也可落實在方法上：既然過去可以是外國，則大部分關於時間的思考和討論，也都在不同程度上適用於空間；反之亦然。恩格斯即曾提出一種「以觀時者而觀空」的主張，他曾批評18世紀的歐洲唯物主義形成了一種「非歷史的觀點」，即「不能把世界理解為一個過程，理解為一種處在不斷的歷史發展中的物質」。[51]則其所謂「歷史的觀點」，就應當是「把世界理解為一個過程」，豈非「以觀時者而觀空」？如果說恩格斯的表述還不那麼直接，陳寅恪則明確提出了「以觀空者而觀時」的主張，[52]此語特別值得體悟——往昔既是

---

51 參見恩格斯：《英國狀況——評湯瑪斯‧卡萊爾的〈過去與現在〉》，《馬克思恩格斯全集》，第1卷，650頁。

52 陳寅恪：《俞曲園先生病中囈語跋》，《寒柳堂集》，北京：三聯書店，2001年，164頁。並參見William H. Sewell, Jr., "Geertz, Cultural Systems, and History: From Synchrony to

他人而「非我」，自可借助對當世他人他國的認識，以瞭解往昔。

陳寅恪甚至提出，時空的「距離」可能讓人產生同一時空中所不能有的體會和領悟。他說，一事之發生，「不止局於一時間一地域而已，蓋別有超越時間地域之理性存焉」。而此超越之理性，又「必非其同時間地域之眾人所能共喻」。前引梁啟超和傅斯年都曾說到近代的劇變使兩代人之間缺乏共同語言。陳寅恪也認為，近代中國的人世劇變，頗類莊子所謂彼亦一是非，此亦一是非。但他進而提出，「若就彼此所是非者言之，則彼此終古未由共喻，以其互局於一時間一地域故也」。[53]

這是陳先生為《王國維遺書》寫序時所言，他的意思，真正瞭解王國維的知音，不在當時當地的中國，可能還要期之於「神州之外」的「來世」之人。其人通過閱讀王氏著作，「神理相接」，或「更能心喻先生之奇哀遺恨於一時一地、彼此是非」之外。此所謂一時一地的是非，即時人多指王國維之棄世為殉清。陳先生欲為之解，乃謂世人皆誤解了王氏。這當然有「故意說」的成分在（陳本人即應是當世知音），但就史學方法而言，卻是一重要啟發，不可視為隨意之說而忽略。

距離與理解的關係實甚微妙，史家後見之明的一個優勢，就來自於距離。如布克哈特所說，距離可以產生美感，使雜亂變得和諧：近處聽到的教堂鐘聲可能雜亂無章，遠處所聞，則變得美妙和諧。故距離給予史家一個更高遠的位置，可以從雜亂中感受到和諧，因而獲取對歷史力量和精神的整體把握。[54]我們也都知道，只有居高臨下，才

Transformation," in Sherry B. Ortner, ed., *The Fate of Culture: Geertz and Beyond*, Berkeley: University of California Press, 1999, pp. 37-38.

53 本段與下段，陳寅恪：《王靜安先生遺書序》，《金明館叢稿二編》，248頁。

54 布克哈特：《歷史講稿》，劉北成、劉研譯，179-180頁。

能獲取鳥瞰式的「全景」。

　　就全景言，史家還有一項當事人無法比擬的後見之明，即其已經知道事情的結果，因而也更容易判斷哪些是與結局直接關聯的因素。但「倒放電影」的傾向也可能「剪輯」掉一些看似無關的「枝節」，也就刪去了這類半帶偶然的細節可能折射出的「整體」時代意謂；結果是重建出的史實固然清晰，或也可能偏離歷史發展的原初動態。[55]

　　前引傅斯年說丁文江「把當時人物在當時地理上的分配之真正perspective 零亂啦」，其所用 perspective 一詞至為妥洽。此詞之常用義為「看法」，而實寓有所看之法，即指一種透視畫法式的展望，而非遠距離的所謂平視；故必從「當時人物」的眼光看「當時地理」，不能脫離「當時地理」而遠觀之。眼光的遠近轉換，是後之研究者的優勢，但也一定要隨時提醒自己，什麼是當時當地的 perspective，什麼是後見之明的遠觀。

　　「以觀空者而觀時」的取向，昔年已為不少高段位學者所實踐，從王國維到徐中舒、蒙文通、傅斯年和徐旭生等，先後都用地理的觀點研治上古史，將過去認為一脈相傳的夏商周三代空間化，展現出歷時性譜系中的共時性競爭（三者中至少二者——夏商和商周——之間有著長期並存而互競的歷程，並非簡單的取而代之）。傅斯年在《夷夏東西說》中甚至說出「歷史憑藉地理而生」的話，以強調「考察古地理為研究古史的一個道路」。其他人也常說地理和制度是治史的基礎，傅先生與此不同，他更多是提倡一種動態的空間視角。[56]

　　這樣一種時空轉換的眼光，也體現在傅斯年其他論述之中。他在

---

55 參見本書《民國史研究的倒放電影傾向》。

56 參見Wang Fan-shen, *Fu Ssu-nien: History and Politics in Modern China*, Cambridge: Cambridge University Press, 2000, pp. 98-125；徐亮工：《徐中舒先生的新史學之路》，《四川大學學報》2009年4期。

論證「語言永遠在變動之中」時便指出，「百年之內，千里之間，一個語言可以流成好些方語」。[57]可知他向來把時空間的變動結合在一起思考，且並未把時與空的轉換看作一對一的關係。傅先生很看重他所謂「求其古」的歷史眼光，而不贊同「求其是」的傳統。[58]故他以為，歷史上的事，往往只有「一個『歷史的積因』，不必有一個理性的因」。儒家能在漢代實現一尊的局面，是「因為歷史上一層一層積累到勢必如此，不見得能求到一個漢朝與儒家直接相對的理性的對當」。[59]

所謂「歷史的積因」，就是傅斯年所說的「求其古」；而「理性的因」或「理性的對當」，則類「求其是」。他那時也告誡顧頡剛不要「凡事好為之找一實地的根據，而不大管傳說之越國遠行」。[60]這是把偏重時間的「求其古」和「求其是」向空間轉化的典型例證——必「找一實地的根據」即「求其是」，而「傳說之越國遠行」則正類「歷史上一層一層的積累」。

觀空與觀時的互動取向，當然也適用於上古史以外的領域，此不贅。本文討論的是一個比較虛懸的題目，且並非系統的論述，不過是與其相關的幾個側面。其中一個重要的因素，就是距離。距離很容易導致誤會，也可以讓不同時空的人具有遠觀的優勢。在這兩方面，時空都是相通的，因而也是可以轉喻的。中國古人特別強調所見、所聞、所傳聞的不同，就充分體現了對時空距離導致差異的重視。但時

---

57 傅斯年：《中國古代文學史講義·擬目及說明》（1928年），《傅斯年全集》，第1冊，30頁。

58 傅斯年：《性命古訓辯證》（1936年），《傅斯年全集》，第2冊，169-170頁。

59 傅斯年：《論孔子學說所以適應於秦漢以來的社會的緣故》（1926年），《傅斯年全集》，第4冊，440-441頁。

60 傅斯年：《評〈秦漢統一的由來和戰國人對於世界的想像〉》（1926年），《傅斯年全集》，第4冊，437頁。

空對認識固有限制，也隱含著解讀的潛力。在承認往昔之人有其「地方性知識」的基礎上，借助時空的虛擬轉換和互動，以學外語的方式接近昔人，循其思路、用其方法重新思考其言與行，就可以在很大程度上認識和理解往昔，有時還可能帶來超過預想的解悟。

（原刊《文藝研究》2010年12期）

相異相關的往昔：史學的個性與通性*

　　溫故可以知新，對於史學現狀的反思，或可回到史學的基本層面去，從具體研究傾向或取向的形成發展過程入手進行考察，藉以說明我們認識目前史學的需要。很多基本的問題，前人已經思考過，且有較深的體悟。整理前人的思路，或也就展現出了新的可能性。本文題目看似甚大，不過並非系統的論述，而僅是一些片斷的反省，亦即名副其實的引玉之磚。若能引起方家的興趣，就此寫出真正有見識的論述，則幸甚。

　　從20世紀初年開始，中國的「新史學」就有一個明顯的傾向，即尋求歷史的公理公例，嚮往成為「科學的史學」或作為「科學」之一部分的史學。梁啟超等人受日本影響而發明的一個創新性說法，就是中國過去的史著沒有系統、不成體系，只能視作史料。這一說法影響廣遠，並形成一個努力想要有所組織、歸納、甚或「疏通」的治史傾向，迄今仍有很強的影響力（詳另文）。

　　賀昌群到1934年仍感慨中國「整個學術的內容，步調太不整齊，缺少連鎖性，很難尋出一貫的文化線索來」。很多早年的單篇論文，本身仍有價值，但在方法與觀點上則「顯出絕大的矛盾」。他雖承認

*　本文是教育部人文社會科學重點研究基地專案「東方學視野下的文學、學術思想變化與學科認同」（項目批准號08JJD752081）的階段成果。

矛盾是不可免的，卻仍想要「求得一個矛盾的統一」。[1]這個看法有相當的代表性。從清末開始，很多學人努力的目標，就是想要貫通那些不通的內容，卻也造成了一些始料不及的影響。

一貫而成系統，既是所有「體系」的特點，也是其問題之所在。在阿多諾（Theodor W. Adorno）看來，任何「體系」通常都是一個自足的系統，它要求一致的結構，要有秩序地組織和表達思想，並壓抑著客體自身各方面的內在統一性。同時，客體間彼此具有的密切聯繫，也因對秩序的「科學」需要而成為禁忌。因此，對於不可免的矛盾，也不能不「求得一個矛盾的統一」。[2]阿多諾以「反體系」著稱，但他的確看到了體系構建的問題所在。

蓋若有意識地去構建系統性，很容易導致研究者在歷史人物的前後行為間建立起一種可能本不存在的一致性，故也隱含著不小的危險。斯金納（Quentin Skinner）就曾批評某些經典解釋者在工作進行之前，便賦予某個經典作家或經典文本的思想以一種內在的一致性，其結果，即使在文本中遇到了不連貫甚至互相矛盾內容，也要想方設法利用某些後設的主題將文本重新組織，以維持其整體的連貫性與系統性，此即他所謂「一致性迷思」（the mythology of coherence）。[3]

任何歸納，尤其是對所謂大趨勢的歸納，都是一種簡化，事物和語言的豐富性會因此而部分失落甚至湮沒。個體的自主性和差異如果未曾有效地存留（而僅送進博物院），便趨近於無。尤其事物的個別

1　賀昌群：《一個對比》（1934年），《賀昌群文集》，第3卷，北京：商務印書館，2003年，546頁。

2　Theodor W. Adorno, *Negative Dialectics*, Trans. by E. B. Ashton, London and New York: Routledge, 1973, p. 25.

3　Quentin Skinner, "Meaning and Understanding in the History of Ideas," inidem, *Visions of Politics*, vol. I,New York: CambridgeUniversity Press, 2002, pp. 67-68.

性就像空中鳥跡，甫見即逝，[4]最容易被視而不見。將原處變化中的千頭萬緒化約成一種易於把握的分析框架，可能使得許多相互牽連的層面之間錯綜微妙的關係在分析的過程中成為可有可無的東西，甚至為了分析的便利而被淡化到隱然不見的地步。

或因認識到體系對史事個性的壓抑，一部分曾經推崇「歸納」的中國史家，逐漸認識到系統的整體性和排他性，開始有所反思。或許與一次大戰後對西方文化的反省相關，從20世紀20年代初開始，這些人作出了較明確的表述。這類見解可能受到外來學說的影響（如德國的「歷史主義」就素重歷史個性和差異），更多卻是基於他們對「科學」有了更深入的瞭解，通過與自然科學的比較，感覺到個性在歷史中的重要。

一　歷史的「不共相」：承認往昔的獨特性

從清季開始，一些中國學人對於歷史個性已有較明確的體認。到「五四」之後，這方面的表述漸多，雖尚不足以扭轉追求系統的風氣，卻也形成了不小的衝擊。就像先前在追求公理公例的傾向裏一樣，在這個反思的傾向裏，開風氣者似乎仍是梁啟超。施耐德（Axel Schneider）注意到，曾經特別強調歷史通則的梁啟超，在辛亥前夕已在關注「文化的個別性和因時而變的特徵」，意味著他「開始重新考慮他關於歷史和文化的觀點」。他在1910年的《說國風》一文已提出，一國之民，其「品性趨向好尚習慣，必劃然有以異於他國」，此即「國風」。且不僅各國各有其國風，各國之內，也代不同風。[5]

4　參見章太炎：《國故論衡・文學總略》，54頁。

5　施耐德：《世界歷史與歷史相對主義的問題——1919年以後梁啟超的史學》，收入其《真理與歷史：傅斯年、陳寅恪的史學思想與民族認同》，關山、李貌華譯，北

劉勰早就說過,「時運交移,質文代變」(《文心雕龍·時序》)。蘭克後來也說:「每個時代的價值不在於產生了什麼,而在於這個時代本身及其存在。」[6]其實不僅時代,任何歷史存在,都有其獨立的「主體性」。這樣的主體性,更因特定的歷史發展而強化。民族文化本是歷史地形成的,而一旦形成,則其獨特性,正落實在歷史之上。[7]

不過,梁啟超在這方面的觀念也是發展的。到20世紀20年代,他一方面認為,歷史要「敘累代人相續作業之情狀」。因此「凡人類活動,在空際含孤立性,在時際含偶現性、斷滅性者,皆非史的範圍;其在空際有周遍性,在時際有連續性者,乃史的範圍」。[8]他在討論辨偽時更說:「各時代之社會狀態,吾儕據各方面之資料,總可以推見崖略。若某書中所言其時代之狀態,與情理相去懸絕者,即可斷為偽」。而「各時代之思想,其進化階段,自有一定。若某書中所表現之思想與其時代不相銜接者,即可斷為偽」。[9]且不論其所說是否成立,這等於在具體操作中基本否認了歷史的個性。

然而,治史者都知道也都承認史事是不能重複的,正是在與自然科學的對比中,梁啟超又感覺到歷史個性的重要。他在同一書中也

京:社科文獻出版社,2008年,243-246頁。梁啟超:《說國風》(1910年),《飲冰室合集·文集之二十五下》,3-8頁。按顧炎武《日知錄》卷十三自「周末風俗」條下,連續多條都考察分析歷代風俗之變遷。此梁啟超關於代不同風之所本。

6 蘭克:《歷史上的各個時代》,斯特凡·約爾丹、耶爾恩·呂森編,楊培英譯,北京:北京大學出版社,2010年,7頁。

7 章太炎早就說:「凡在心在物之學,體自周圓,無間方國;獨於言文歷史,其體則方,自以己國為典型,而不能取之域外。」章太炎:《自述學術次第》(1913年),《制言》(半月刊)第25期(1936年9月16日),7頁(文頁)。他後來更明確地指出:「凡百學術,如哲學、如政治、如科學,無不可與人相通。而中國歷史(除魏周遼金元五史),斷然為我華夏民族之歷史,無可與人相通之理。」章太炎:《論經史儒之分合》,《國風》,8卷5期(1936年5月),193頁。

8 梁啟超:《中國歷史研究法》,《飲冰室合集·專集之七十三》,2頁。

9 梁啟超:《中國歷史研究法》,《飲冰室合集·專集之七十三》,87頁。

說，「自然科學的事項，常為普遍的；歷史事項反是，常為個性的」。[10]
不久更明確指出，歸納法僅限於整理史料，卻不適用於史學。因為
「歷史現象只是『一躺過』，自古及今，從沒有同鑄一型的史蹟」；且
「各人自由意志之內容，絕對不會從同」。而歸納法在求「共相」
時，會把「許多事物相異的屬性剔去，相同的屬性抽出」，顯然與事
物屬性不符。他進而提出「史家的工作，和自然科學家正相反，專務
求『不共相』」。[11]

　　在嚮往「科學」治學的時代，類似的疑慮和反思也帶來難以消解
的困惑：一方面，學界追求系統、通則、規律的努力並未稍歇，各種
規律性的整體解釋仍相當吸引人；另一方面，試圖放棄對系統的追
求，甚或把系統的價值說得低一些，都要經過很不輕鬆的掙扎。梁啟
超自己雖已有明晰的感知，心裏仍是矛盾的、猶豫的。他並未放棄對
系統的嚮往，故又自問：「把許多『不共相』堆迭起來，怎麼能成為
一種有組織的學問」呢？史家既務求「不共相」，豈不與其所說「歷
史是整個的」相衝突？梁氏並未想通，只好推說這「什有九要從直覺
得來」。並承認自己對此「還沒有研究成熟，等將來再發表意見」。

　　儘管梁啟超自己的思想尚存緊張，讀者對其說法或也各取所需；
他所謂歷史與科學不同、當務求「不共相」的說法，卻很快流行，何
炳松尤樂道之。何氏稍早已注意到，從進化論看，「古今環境，斷不

10　梁啟超：《中國歷史研究法》，《飲冰室合集・專集之七十三》，111頁。
11　本段與下段，梁啟超：《研究文化史的幾個重要問題——對於舊著〈中國歷史研究
　　法〉之修補及修正》（約1922年12月），《飲冰室合集・文集之四十》，1-7頁。大約同
　　時，李大釗在介紹所謂德國西南學派見解時，也說歷史「只是一回起一趟過者」，
　　故「不是一般的東西，乃是特殊的東西；不是從法則者，乃是持個性者」。歷史科
　　學與自然科學不同，不能像後者一樣用「一般化的方法研究」，而「須用個性化的
　　方法研究」。李大釗：《史學要論》（1924年），《李大釗文集》（4），李大釗研究會
　　編，北京：人民出版社，1999年，412頁。

相同；中外人情，當然互異」。故「空間迥異，中外無符合之端；時間不同，古今無一轍之理」。[12]在此認識的基礎上，很可能受到梁啟超說法的影響，他進而明確提出歷史是「求異之學」，不僅與自然科學不同，也與社會科學不同。

何炳松認為，歷史敘述的是人群各種活動之變化情形，而史家所致意的，是變化的而非重複的事實。歷史「即人類特異生活之記載」。而人類生活「日新月異，變化無窮」；「已往人事，既無復現之情；古今狀況，又無一轍之理」；故歷史「不能有所謂定律」。對於歷史的實質，只能「純以求異之眼光，研究而組織之」。儘管歷史與自然科學都關注因果，但「自然科學中之因果，本有定律」；而歷史則「因果每不相符」──「或其因甚微，而其果甚大；或其因甚大，而影響杳然」。這使歷史成為「求異之學」，與求同的自然科學迥乎殊途。[13]

簡言之，科學求同，而歷史求異。[14]同理，史學與社會學雖同樣研究已往之人群事蹟，卻也「流別分明，不能相混」。史家「抉擇事實，旨在求異；所取方法，重在溯源」，期以認識「人類複雜演化之渾淪」。而社會學「選擇事實，務求其同，不求其異」，藉以發現「人群活動之定律」。故「史學所求者為往跡之異，社會學所求者為往跡之同」。因此，「社會學為研究社會之自然科學，其所取方法與史學異，而與自然科學同」。[15]

這樣把求同與求異對立起來，可能太偏於一端。繆鳳林稍早也對比科學與史學說，「科學求同，史學求異」。因「史事皆屬唯一」，不

---

12 何炳松：《〈史地叢刊〉發刊辭》（1920年6月），《何炳松文集》，第2卷，682頁。

13 何炳松：《歷史研究法》（1927年），《何炳松文集》，第4卷，11-12、59頁。

14 何炳松：《歷史研究法》（1928年），《何炳松文集》，第2卷，242頁。

15 何炳松：《歷史研究法》（1927年），《何炳松文集》，第4卷，14-15頁。

能像科學方法一樣求同。《春秋》所重的「屬辭比事」和司馬遷主張的「整齊故事」，都看重「各別特異之事」，在此基礎上「將事實依次排比，列成系統」。而不能像社會學那樣「先立某種見解，強以史事證明其說，同者取之，異者去之，因歸納成種種原理」。[16]他進而把人類活動的發展概括為「賡續公例」和「蛻變公例」兩類，「由前知史事皆屬相關，無有孤立」；「由後知史事皆屬唯一，無有重複」。故研究歷史，就是「研究人類賡續、蛻變之活動，而求其相關相異」。[17]

繆鳳林的看法顯然更為均衡。尤其他對歷史的「相關相異」同樣看重，是那時難得的睿見。不過這類見解在當時影響不大，呼應者不多見，反對者也少見。倒不如何炳松的主張，既有支持和傳播，也有反對和駁斥。[18]

同時，由於對歷史獨特性的注重，一些人也開始關注歷史的偶然性或不確定性，並進而反省追求體系可能帶來的弊端。呂思勉就認為：「此事之所以如此，彼事之所以如彼，無不有其所以然。偶然者，世事之所無；莫知其然而然，則人自不知之耳。」[19]陳寅恪從另一角度說，人事之「演嬗先後之間，即不為確定之因果，亦必生相互之關係。故以觀空者而觀時，天下人事之變，遂無一不為當然而非偶然。」[20]

兩人都徑直否定偶然的存在，或有些過。但這看似絕對的表述中，暗示著一種相當深刻的認知，即事物所表現出來或被認知的因果

---

16 繆鳳林：《研究歷史之方法》，《史地學報》，1卷2期（1922年初），8頁（文頁）。

17 繆鳳林：《歷史之意義與研究》，《史地學報》2卷7號（1923年11月），25-26頁。

18 如劉靜白就著有《何炳松歷史學批判》的專書。

19 呂思勉：《史籍與史學》，《呂著史學與史籍》，上海：華東師範大學出版社，2002年，38頁。

20 陳寅恪：《俞曲園先生病中讛語跋》，《寒柳堂集》，北京：三聯書店，2001年，164頁。

或關聯是一事，而其實際的因果關係和相互關聯又是一事。王陽明早就說過：「理者，氣之條理；氣者，理之運用。無條理，則不能運用；無運用，則亦無以見其所謂條理。」熊十力解釋說，陽明所謂理是本體，而其流行為氣。「理不自顯為氣，則無所藉以表現自己」；若無本體中固有之條理，也「不能憑空顯得氣來」。[21]很多時候，事物本身自有其條理，事物之間本也相互關聯，惟皆未必直接顯露出來，而表現在其運用之中，可以從其運用中考察，也應當從其運用中去考察。

很多被我們視為偶然的史事，可能是因為後人不能理會其原意，故「莫知其然而然」；正類柯林武德所說歐洲中世歷史的「黑暗」，更多皆是觀察者自身的問題。[22]傅斯年反對「以不知為不有」，[23]就是提醒歷史研究者，不能因為我們未曾認識到，就以為是不存在的。而所謂系統，也可由此思考。我們所知的諸多事物，有時確有系統，但表現得不明顯；有時可能真已散失了原有的系統，卻也不排除其互有關聯。

陳寅恪把因果關係和相互關係並列為共同的選項，雖僅點到為止，卻是一個非常重要的見解。特定的歷史事件不一定都有明確的因果，不少事件或人物很可能是偶然成為「歷史事件」或「歷史人物」的。換言之，歷史的偶然仍是存在的。越到微觀的、具體的層面，越可能出現偶然。《莊子‧人間世》曾專論事物的始末常不一致，故

---

21 熊十力：《讀經示要》（1944年），《熊十力全集》，武漢：湖北教育出版社，2001年，第3卷，658頁。

22 柯林武德以為，西方歷史被稱為「黑暗時代」的，其實是很多歷史學家「發現某些時期竟然沒有東西是可以理解的」。但這樣的用語並不能說明這些時代本身，只不過告訴我們這些史家自身「不能重新思考成為他們生活的基礎的那些思想」。R.G. Collingwood, *The Idea of History*, pp. 218-19. 柯林武德：《歷史的觀念》，何兆武、張文傑譯，248頁。

23 傅斯年：《戰國子家敘論》，《傅斯年全集》，第2冊，103頁。

「其作始也簡，其將畢也必巨」。一向最重系統的胡適曾據此提出：「歷史上有許多事是起於偶然的。個人的嗜好，一時的錯誤，無意的碰巧，皆足以開一新局面。」[24]

這類偶然性的造因，如不細緻梳理，是很容易被忽視的。但即使是偶發事件，其能達到引起時人及後之史家注意的程度，也必有其前後左右時勢的作用，受其周圍社會、思想、文化、政治、經濟等各種因素的影響。觀察之道，也只能從史事的運用中去考察。是否承認歷史的偶然性，以及怎樣看待歷史的偶然面相，是史學的大問題，很難一言以蔽之。或可以說，歷史的偶然性也就意味著歷史的可能性；正因為不是必然，才充滿了各種可能（alternatives），也為史家預留了詮釋的餘地。

也曾推崇和宣導「歸納」的傅斯年，後來也逐步從反對疏通走向擯棄歸納。傅斯年在北伐後即明確提出了「反對疏通」的主張，並在對「比較」的強調中，看到一事的個性或正體現在其與他事的關聯中。[25]到1935年，通過與自然科學的比較，傅先生進而提出，「歷史上件件事都是單體的，本無所謂則與例」。所以，歷史上人物及其行動，都只得一個一個或一件一件地敘說。由於「沒有兩件相同的史事」，故「歸納是說不來，因果是談不定的」。對於歷史事件，既然「不能作抽象的概括命題」，就只有「根據某種觀點，作嚴密的選擇。古今中外的歷史事件多得無數，既不容歸納，只得選擇」。[26]

試對比他的同學顧頡剛稍早對歸納的肯定，就更可見傅斯年的觀念轉變。顧先生闡發其所使用的「科學方法」說，他「先把世界上的事物看成許多散亂的材料」，再對這些散亂的材料進行「分析、分

---

24 《胡適日記全編》（曹伯言整理），1927年1月25日，第4冊，495-496頁。

25 說詳羅志田：《證與疏：傅斯年史學的兩個面相》，《中國文化》2010年秋季號。

26 傅斯年：《閒談歷史教科書》，《傅斯年全集》，第4冊，310-312頁。

類、比較、試驗、尋求因果，更敢於作歸納，立假設，搜集證成假設的證據，而發表新主張」。[27]在顧先生眼中，「敢於作歸納」是其方法「科學」的要素之一。與上述許多人看到科學與史學在方法上的對立不同，顧先生仍堅定地讓史學向科學靠攏。

傅斯年也把史學與自然科學對照考察，他不僅看到了兩者的歧異，也從自然科學得到啟發：「物理化學的事件重複無數，故可以試驗；地質生物的記載每有相互的關係，故有歸納的結論。歷史的事件雖然一件事只有一次，但一個事件既不盡止有一個記載，所以這個事件在或種情形下，可以比較而得其近真；好幾件的事情又每每有相關聯的地方，更可以比較而得其頭緒。」[28]傅先生關於「比較」還有進一步的申論，當另文探討。通過比較而梳理出史事的相互關聯性，卻是一個讓眾多「不共相」成為一種有組織的學問的入手途徑。

不論是否進入意識層面，傅先生與上述各位相類，其實都分享和反省著梁啟超提出的問題——「把許多『不共相』堆迭起來，怎麼能成為一種有組織的學問」呢？幾乎所有的人都在通過與科學的對比來界定自己的立場並做出相應的回應，揭示出當年「科學」對史學的衝擊力。正是史學是否「科學」這個帶有基本性的思慮，使個性與共性是否衝突這個相對超越的一般問題，成為20世紀中國史學界一個眾皆關注的問題。

二　個性、共性與通性

也許史學天生就是相對的，故像傅斯年、何炳松這樣的史家，不

---

27 顧頡剛：《〈古史辨〉（一）自序》，《古史辨》（一），95頁。
28 傅斯年：《史學方法導論・史料論略》（1929年），《傅斯年全集》，第2冊，338頁。

太能接受歷史規律一類的說法。但即使相信歷史是按照規律發展的學者，也不否認具體的史事都是發生在特定的時空之中，都有其當時當地的特點和限制。在這樣的情形下，除了研究歷史規律本身（或也包括一些長時段的大輪廓）以外，凡討論一定時空中的史事，都不能不是具體的和「特別的」，甚至多少帶有一些偶然性或不確定性。從「研究視角」出發的史學，側重實踐層面的具體操作，不能不充分尊重特定史事那不與人共的特殊性。

一般人說到獨特性或不確定性，很容易聯想到與普遍性或整體性的對立。其實，獨特性與普遍性未必一定衝突，如「西方」是個包含眾多不同因素的變數，但也有普遍意義，否則不成其為西方。這就好像梁啟超說中國歷史應進行分區的探討，[29]但中國歷史或中國文化也有其共性一樣。若跳出上述二元對立的思路，則人類社會以及任何一個時代、社會和文化，都不僅有其特性，也有陳寅恪所謂「抽象理想之通性」在。[30]陳先生在說通性時，往往與特性並論，且明言通性中常有不一致者在（詳後）。故通性者，相互關聯、和而不同之意也。知物不齊，而後可齊，是謂以不齊為齊。

從通性而非普遍性的角度去認識共性，或少一些排斥，多幾分包容，也為歷史詮釋存留了更寬廣的餘地。歷史的相對特性和其通性（甚或「歷史規律」），並不一定是相互衝突的。以中國傳統常說的本末言，歷史的特殊性即「末」的一面，但其基礎，是在充分注意到並確認通性的一面，亦即所謂言「末」而不忘「本」。任何史事和史料，都有其獨特個性的一面，也都與其他一些史事史料相通相關聯；其獨特性和關聯性，是不可分割的兩面，當兼而顧之。

---

29 梁啟超：《中學國史教本改造案並目錄》，《飲冰室合集・文集之三十八》，27頁；
　　《中國歷史研究法（補編）》，《飲冰室合集・專集之九十九》，34-35頁。
30 陳寅恪：《王觀堂先生挽詞・序》，《陳寅恪詩集》，10頁。

　　任何整體不能沒有局部的積累，卻不僅僅是局部的積累，而是自成一主體，即一個不同於局部的主體。故整體不必就是相互關聯的個體之和，更不是無關聯的個體之和，而自有其主體性。同樣，每一表現為局部的個體，也各有其自身的主體性。且史學中一般所處理的整體，本處於一定的時空之中，因而也是相對的：在一定範圍裏的整體，可能是更大範圍裏的一個局部；而一定範圍裏的局部，可能是更小範圍裏的一個整體。

　　此前很多人都認為通史就是「從專史綜合而成」，陸惟昭則不同意。在他看來，通史和專史是兩個範圍不同的門類——「通史以人類社會活動為本位，專史以問題為本位」；專史「以某種事實或某種學問為歸宿，通史則以人類社會之演進為歸宿」。他不僅講道理，並特別指出：在操作層面，「通史所取材料，每與專史不一」。[31]這是真正內行的見識，不過陸氏僅點到為止，未做進一步申論。

　　呂思勉也認為，「史學所要明白的，是社會的一個總相；而這個總相，非各方面都明白，不會明白的」。但他進而指出：「說明社會上的各種現象，是一件事；合各種現象，以說明社會的總相，又是一件事；兩者是不可偏廢的。」故「社會是整個的，雖可分科研究，卻不能說各科研究所得的結果之和，就是社會的總相」。甚至可以說，「社會的總相，是專研究一科的人所不能明白的」。[32]但何以如此，呂先生也未曾細說。

　　蒙思明進而指出：所謂「史觀」，是「要從千百萬件曾經詳密鑑定後的史料所重建的史實中，看出一個線索」；從而「使成千累萬的個別事件之間發生聯繫，把歷史看成一個整體而不是孤立事件的累

31 陸惟昭：《中等中國歷史教科書編輯商例》，《史地學報》，1卷3期（1922年5月），30頁。

32 呂思勉：《歷史研究法》，《呂著史學與史籍》，12-13頁。

積」，就能給「死的零星史事以生命、以精神」。[33]或可以說，歷史之所以成為一個整體而不是孤立事件的累積，就是因為成千累萬的個別事件之間發生了聯繫。蒙思明和梁啟超一樣重視事物的相互關係，其推進在於，他是在明確了整體和孤立事件各自主體性的基礎上來探索個別事件之間的聯繫。

把這個問題闡述得更清楚的是林同濟。林先生首先明確：一、「全體不是一切局部的總和」；二「全體不是某一局部的放大或延長」。他以中國字為例說，一個「永」字有若干筆劃，它們「各有其意義」；一旦連綴而構成「永」字，「乃立刻呈出一種獨具的新意義，竟不是當初未經連綴時的各個筆劃原有的」意義。換言之，讀者從「永」字所得的印象，在那些個別筆劃中是「摸索不出來的」。因此，「全體自有它獨具的母題、獨到的價值，超於局部之外，超於局部的總和之上」。[34]

林同濟因而提倡一種「文化攝相」式的閱讀，以攝取文化的體相。所謂「體相」，就是「構成全體的各局部相互關係間所表現的一整個母題以及綜合作用」。如果「把全體分析起來而成為個別的局部，再將這些個別的局部用簡單的算學加將起來，是不能捉得原來的全體，更捉不得原來的體相的。關鍵在『相互關係』四字」。這是「觀察萬物的『入道之門』」。所以「論體相便是論全體」，其要旨是「談『關係』，談互動的、相對的關係」，以及「談整個結構中各局部間的相生相成的綜合功用」。關鍵是要看到事物全景中「各局部相互間的微妙關係、交流影響」。

---

33 蒙思明：《考據在史學上的地位》，《責善半月刊》（成都，齊魯大學），2卷18期（1941年12月1日），5頁。

34 本段與下段，林同濟：《第三期的中國學術思潮——新階段的展望》（1940年），《天地之間：林同濟文集》，許紀霖、李瓊編，上海：復旦大學出版社，2004年，19-26頁。

也就是說，不僅整體和局部各有其主體性，正是局部間動態的關聯，使其成為一個整體。在實際的歷史研究中，我們遇到更多不是由全體分析而成的個別局部，根本就是未必知其「全體」的一些散落「局部」；我們可能也沒辦法看到事物的全景，而只能在重建「各局部相互間的微妙關係、交流影響」中窺探那已經消逝的全景。

同時，要記住蒙文通所說的「事不孤起，必有其鄰」。[35] 在每一「個別」中或不一定都能找到「共通性」，而每一細節與大局的關聯程度也可斟酌，但在一定的範圍裏，各局部細節之間也是相互關聯的，有時甚至到了相生相剋的程度。馬季有個討論五官的相聲，凸顯每一官對整體的貢獻，亦即其與整體的關係，以及其各官間相互的關係，其間便有些相生相剋的意味。

這個相聲的寓意很深遠，古人以為，耳目鼻口「皆有所明，不能相通」；不僅都是整體的一部分，且以表現為「渾沌」狀態為最佳；若一一分隔，則可能「日鑿一竅，七日而渾沌死」。[36] 而所謂「渾沌」，正是一種以不齊為齊的通達狀態。林同濟曾以中國的相面術為喻來論證全體局部間的微妙關係說，「相」是一個「『形而上』的概念」，它是「根據於『形而下』的『骨』『貌』等等而創得的」，但又「不是『骨』不是『貌』」，而是骨貌以外、骨貌總和以上的一種整個母題、整個作用」。[37]

---

35 蒙文通：《評〈學史散篇〉》，《經史抉原》（《蒙文通文集》第3卷），4023頁。

36 語出《莊子・天下、應帝王》。繆鳳林曾把達爾文的進化公例概括為「由單純至複雜，由混沌至分析」。這是一種遞進的進步次序，「分析」是高於「混沌」的。參見繆鳳林：《歷史與哲學》，《史地學報》1卷1號（1921年11月），8頁（文頁）。而重混沌還是重分析，或是中西學的一個重要差別。那時繆氏讀外國哲學書較多，受西學影響較大，可能忘了《莊子》所說的混沌開竅，七日而死的提醒。

37 林同濟：《第三期的中國學術思潮──新階段的展望》，《天地之間：林同濟文集》，20頁。

骨貌是整個「相」的基礎，離此便無所謂「相」，故一點都不能抹煞；但骨貌的配合所生出的則是一個形而上的「相」，與骨貌既相關，又相異。五官亦然。還要注意《莊子》所說的「官知止而神欲行」（《莊子・養生主》）。中醫的五官、臟腑等，皆有所謂通性的一面，半是抽象的，側重於功能，而非具體的器官，故皆有其「神」的一面。五官的關聯，更多可從這一面思考。而使這些「形能各有接而不相能」的天官「各得其所」者，靠的是「天君」即心的控制（《荀子・天論》、《淮南子・詮言訓》）。前引王陽明所說的內在之「理」，或即近於天心；而其運用表出之「氣」，則略同於天官之功能。

換言之，史事的共通性正反映在相互的關聯性之上，故部分學者也嘗試用「史網」的譬喻來彰顯全體局部間的微妙關係。梁啟超就曾說：

> 凡成為歷史事實之一單位者，無一不各有其個別之特性。此種個性，不惟數量上複雜不可僂指，且性質上亦幻變不可方物。而最奇異者，則合無量數互相矛盾的個性，互相分歧或反對的願望與努力，而在若有意若無意之間，乃各率其職以共赴一鵠，以組成此極廣大極複雜極緻密之『史網』。[38]

類似的體悟很多人都有，而嚮往科學者可能視其為「有機的」聯繫。顧頡剛描述他所期望的「新史」說，「史的全部是一個高等動物的體系，雖可解剖而為某一部分的專門研究，但系統上是各相關聯：骨骼的配置、神經的分佈、血液的流通，全身均勻，沒有一點衝突停滯的地方」；若「身體一經分化，就各各獨立而不相關涉」，便不成系

---

38 梁啟超：《中國歷史研究法》，《飲冰室合集・專集之七十三》，112頁。

統了。[39]而呂思勉則逕用佛家的「帝網重重」觀念來解釋「社會是整個的,任何現象,必與其餘一切現象都有關係」。自然之中,每一現象,總受其餘一切現象的束縛。惟關係有親疏,影響分大小。若「把一切有關係的事,都看得其關係相等」,就「等於不知事物相互的關係了」。[40]

萬物間這樣一種能動的相互關係,在劉咸炘看來,即「《易》之所謂『感』也」。他說:「史固以人事為中心,然人生宇宙間,與萬物互相感應。人以心應萬物,萬物亦感其心。人與人之離合,事與事之交互,尤為顯著。」這就是佛家所說的「宇宙如網」。故「史之所以無不包,以宇宙之事罔不相為關係,而不可離析」。大體言,「群書分詳,而史則綜貫」——「無分詳,不能成綜貫;而但合其分詳,不可以成綜貫。蓋綜貫者,自成一渾全之體,其部分不可離立,非徒刪分詳為簡本而已也」。史學以專門事實為基礎,卻又要超越專門事實,以明「各端之關係」,才能具有能見「大風勢」的「史識」。[41]

所以,歷史上的各個「事項」雖是獨特的,卻又不是孤立的,而是相關聯的。注意前引梁啟超的話,他特別說到分歧或反對也是一種關聯,而且很多關聯表現為「若有意若無意之間」,容易被忽略。史事既成「史網」,則史家當「在此種極散漫極複雜的個性中而覷見其實體,描出其總相」。[42]這樣一種取向,頗類劉咸炘提倡的「因末見本」。蓋事物之本末各有其主體性,「末」可以是一個整體的一部分,但那整體卻是待證的,而不是勿需證明的(詳另文)。

若從史料存留的視角看,我們現有的史料多少都帶有片斷的特

---

39 顧頡剛:《中學校本國史教科書編纂法的商榷》,《教育雜誌》14卷4號(1922年4月),19661頁(影印版頁)。

40 呂思勉:《歷史研究法》,《呂著史學與史籍》,32頁。

41 劉咸炘:《治史緒論》,《推十書》,2389頁(冊三)。

42 梁啟超:《中國歷史研究法》,《飲冰室合集‧專集之七十三》,112頁。

性。不論要認識特定的片斷自身，還是通過片斷瞭解更寬廣的史事，首先都要重建片斷周圍的關聯。阿多諾便提出，「理解一個事物本身，不是僅僅將它置入其相關的鑑定體系之中進行定位（register），而是要在它和別的事物的內在聯繫中去領會其獨特個性（the individualmoment）」。[43]能將一片斷置於某種（時空的）關聯結構之中，這一片斷就有了意義。

另一方面，史料和史事的關聯性本身，就是史家需要著力之所在。柳詒徵的《國史要義》，以一章的篇幅專論「史聯」，可謂深得竅窈。他指出：「史之為義，人必有聯，事必有聯，空間有聯，時間有聯」。若「就史蹟縱斷或橫斷之以取紀述觀覽之便」，則「於史實不能融合無間」。就操作言，既可「以聯合而彰個性，亦可略個性而重聯合」，當「就事實而權衡」。如「《周官》之書，有分有聯」。其「交互錯綜，各視其性質之特重者分之，又視其平衡或主從者著之」，頗具史法。[44]

而史之「聯」，也有區分和綜合兩面。柳詒徵一再強調，「區分聯貫之妙用」，在於「臚舉全國之多方面，而又顯其特質」。蓋「人事之有聯屬者，必各有其特質，分著於某篇某體之中。縱橫交錯，乃有以觀其全，而又有以顯其別」。史事既「無往不聯」，則「史之為體，一時代有一時代之中心人物，而各方面與之聯繫，又各有其特色，或與之對抗，或為之讚助」。撰述中既要表示此中心，又要遍及各方面，其「支配史蹟」的錯綜離合，「妙在每一事俱有縱貫橫通之聯絡，每一人又各有個性共性之表見」。[45]

---

43 Adorno, *Negative Dialectics*, pp. 25-26.

44 柳詒徵：《國史要義》，上海：華東師範大學出版社，2000年，99-124頁，引文在113、121、102頁。

45 柳詒徵：《國史要義》，102-107頁。

由此可見，史學之「通性」，是充分承認「個性」的獨立，又注意各獨立史事的關聯，並彰顯其互相影響的動態面相。故熊十力以為，所謂「通材」，就在於能「測遠而見於幾先，窮大而不滯於一曲，能綜全域而明瞭於各部分之關係，能洞幽隱而精識夫事變之離奇」。[46]

這樣的認識，也是逐步發展而成。葉德輝早就說過：「學問之道，可通而不可同。」[47]民初也有一些學人有意無意間多說通、說聯而少說同、說共，如陳訓慈就主張「人有個性，亦有公性；事有特變，亦多共通」。[48]而孔繁霱則認為「吾人感社會為個性，聯個性為社會」。故「離社會無個性，舍個性非社會」，雙方處於一種「交感」的循環之中。[49]類似的動感，何定生稍後也有體會。他在1928年說，應捉住歷史時空的「意識之流」，但承認自己「雖能言之，而不能行之」；故只能做到「不以一二例子定通則，不以一二例子破通則」。[50]

何炳松在20世紀20年代仍將「人類社會中各類活動的共通性」落實在「相互間的因果關係」上。[51]進入30年代後，前引賀昌群對中國學術「步調太不整齊，缺少連鎖性」而不能一貫的遺憾，表明他在以步調整齊為目標的同時，也已隱約感覺到，「一貫」正體現在「連鎖性」之上。與何炳松的認識相對比，「相互」的意思仍在，而「因

---

46 熊十力：《復性書院開講示諸生》，《熊十力全集》，第4卷，253頁。

47 葉德輝：《郋園書劄 · 答羅敬則書及所附羅敬則來書》，34頁。

48 陳訓慈：《史學蠡測》，《史地學報》，3卷1、2合期（1924年7月），a17頁。

49 孔繁霱：《與梁啟超討論中國歷史研究法》，《改造》，4卷8號（1922年4月），6頁（文頁）。

50 何定生：《答衛聚賢先生》，1928年10月18日，《國立中山大學語言歷史學研究所周刊》，2集22期（1928年3月27日），「學術通訊」欄76頁。

51 何炳松：《歷史上之演化問題及其研究法》（發表於1929年），《何炳松文集》，第2卷，310頁。

果」已略去了。到20世紀40年代，周蔭棠進而強調歷史在時間上的「連續性」和空間上的「連鎖性」，即「社會上各種的動態和事蹟，皆有聯帶的作用」；而「社會上各種因素和現象，皆相互影響」。[52]

其實梁啟超在20世紀20年代已提出：所謂知識，「不但是求知道一件一件事物便了，還要知道這件事物和那件事物的關係」。能「知道事物和事物相互關係，而因此推彼，得從所已知求出所未知，叫做有系統的知識」。[53]到20世紀30年代，李則綱提出，「歷史是事蹟的製造者、與事蹟的關聯、及事蹟本身的發展之記錄」。而史學「須於全般的歷史事實的中間，尋求一個普遍的理法，以明事實與事實間的相互影響與感應」。[54]

儘管以上這些不一定是銜接的討論，但在對歷史和史學的體悟和認識上，還是可以看出一些「進步」的軌跡。梁啟超所謂「系統的知識」，當然是他所嚮往的「有組織的學問」。從系統可以體現在關聯之上的見解，到史學的普遍理法就是要表現「事實與事實間的相互影響與感應」，其間的脈絡是大體可見的。若能看到「許多『不共相』」之間的相互關聯並將其表出，也就不僅僅是簡單的「堆疊」了。

從言「公」言「感」到「交感」和「相互感應」，從言「聯」到時空的「連鎖性」和「連續性」，這些表述都不那麼強調個性與共性的對立，而隱隱約約往互通的方面傾斜。如前所述，通性也是共性，卻不必是嚴格的共性，而是以不齊為齊，更能包容差異，顯出關聯。

錢大昕曾說，「通儒之學，必自實事求是始」。[55]對重考據的乾嘉

---

52 周蔭棠：《中國歷史的一個看法》，《斯文》，1卷14期（1941年4月16日），6頁。

53 梁啟超：《科學精神與東西文化》（1922年8月），《飲冰室合集·文集之三十九》，5頁。

54 李則綱：《史學通論》，上海：商務印書館，1935年，9、12頁。

55 錢大昕：《盧氏〈群書拾補〉序》，《潛研堂文集》，收入陳文和主編：《嘉定錢大昕全集》，南京：江蘇古籍出版社，1997年，第9冊，403頁。

清儒而言,「實事求是」有著特定的指謂。但這的確只是通的開始,
真要能通,恐怕還要超越實事求是的層次。故陳寅恪往往以「通性之
真實」來涵蓋「個性不真實」,[56]甚或以「通性之寫實」對應「特性之
虛構」。[57]此中自有其微妙之處,蓋兩者一虛一實也。劉咸炘所謂「拘
於一事,而不引於共通之虛理,則不得旁通之益」,[58]最可解此。所謂
「共通之虛理」,略近於陳先生所謂「抽象理想之通性」。凡能共通
者,當然也能旁通,而其通又往往不能盡合,此所以虛也;能盡合,
倒是實在了,而可通之處必狹,也就說不上通性了。

三 小結

與20世紀相伴隨的中國「新史學」,過去非常強調對系統的追
求,不免忽視甚或抹煞了往昔的獨特性。其實,大至文化、族群,小
至個人、細事,都有其獨立的「主體性」,即梁啟超所謂「不共相」
的往昔。獨特性往往也意味著不確定性,甚或偶然性,但不必因此而
立刻聯想到與普遍性或整體性的對立。人類社會以及任何一個時代、
社會和文化,其實都有陳寅恪所謂「抽象理想之通性」。通性本是和
而不同的,其中可以有不一致性,又是相互關聯的。

歷史其實就是由各具特性的單體組成的混沌而關聯的整體,其間

---

56 陳寅恪:《隋唐制度淵源略論稿·唐代政治史述論稿》,北京:三聯書店,2001年,
44、272-273頁。

57 陳寅恪:《元白詩箋證稿》,北京:三聯書店,2001年,364-365頁。如陳先生在考證
天台宗南嶽大師慧思的《誓願文》真偽時,考出文中「求長生治丹藥」雖「與普通
佛教宗旨矛盾」,卻「與當時道家所憑藉之印度禪學原是一事」,進而證明其「確為
當時產物,而非後來所可偽託」(陳寅恪:《南嶽大師立誓願文跋》,《金明館叢稿二
編》,北京:三聯書店,2001年,242-245頁)。誠可謂運用之妙,存乎一心。

58 劉咸炘:《淺書續錄·教法淺論》,《推十書》,2348頁(冊三)。

的邏輯是不那麼形式的，因果是不那麼必然的。如佛家所說的因陀羅網（即帝網），一多相容，迭相牽引，互為本原。故史事雖獨特而多不孤立，未必系統卻有關聯。承認、看重史事的個性，並不意味著排斥歷史的共性。大部分史事和史料，不僅有其獨特個性的一面，也都與其他一些史事史料相通相關聯，或者是相攝相容的。史事的獨特性和相互關聯性，是不可分割的兩面，當兼而顧之。

因為現存史料本是斷裂而零散的，「個別」與「共通性」或細節與大局的關聯程度，皆可斟酌；但在一定的範圍裏，各細節之間也是生機式地相互關聯的，而相互的關聯性多少也反映著共通性。一方面，大體不存（或被修改）便可能破碎，另一方面，細節去則同異失而關係斷。史學或許不宜碎片化，但會通本自分別、比較得來，能分而後能通；細節中可以見整體，也只有從細節入手，才能認識整體。

一個選擇性思路，是放棄系統的構建，從通性而非普遍性的角度去認識共性，探尋並讀出散碎史料之間的關聯，把具體的史事和史料置於一個「相互關聯的網路」而不是一個自足的「體系」之中。因為注重的是「關係」而不是「體系」，各零散材料之個性不至於被忽視或掩蓋；又因各材料的個性是相聯相關的，也就不那麼「零散」了。

實際上，細節或局部的個性正可體現在關聯中，正如系統也可體現在關聯之上。劉咸炘說：「道家者流，出於史官。寬廣之風，史家所必具。」而「老子言容，孔子貴公，而道家者流，尤持寬大」。故史學即「歸一之論也，公容之說也，似個別而實一貫者也」。[59]所謂「似個別而實一貫」，其一貫已沒有多少自足的意義，而更多是不必同而實相通的關聯之意，是比較通達的說法，也可以是努力的方向。

（原刊《社會科學戰線》2012年2期）

---

59 劉咸炘：《先河錄・序》（1929年），《推十書》，744頁（冊一）。

非碎無以立通：試論以碎片為基礎的史學

　　近年所謂史學碎片化的感歎，多受外國影響，[1]卻也有本土的淵源。賀昌群在1934年就感慨：清末民初《國粹學報》和《中國學報》上的文章，「大多仍能巍然保持著它的價值」，不過只是一種碎片化的價值，「在一門學問或一個問題中，只見零篇斷目，如三五小星在夜天閃爍」；表現出中國「整個學術的內容，步調太不整齊，缺少連鎖性，很難尋出一貫的文化線索來」。這些「論文中新舊方法與觀點的不同，顯出絕大的矛盾」。他承認矛盾是不可免的，卻仍想要「求得一個矛盾的統一」。[2]

　　賀先生的說法有相當的代表性。尋求一種系統而貫通的解釋，本是20世紀中國新史學的一個重要目標。很多人努力的目標，就是想要貫通那些似乎不通的內容。因為沒能做到學術步調的整齊，而反觀到滿眼零篇斷目，這並非一兩人的看法，也不是一兩天的事了。不過，我不認為現在的中國近代史研究在很大程度上已呈現出「碎片化」的面貌，因為並非每一史家的每一題目都必須闡發各種宏大論述；越來

1　不過，歐洲史家對「碎片」的感覺是很不一致的，對於多斯來說，碎片化是一個負面的現象（參見弗朗索瓦·多斯：《碎片化的歷史學：從〈年鑒〉到「新史學」》，馬勝利譯，北京：北京大學出版社，2008年）；對於安克施密特來說，這即使不是一個正面的追求，也是不可避免的現實（參見安克施密特：《歷史與轉義：隱喻的興衰》，韓震譯，北京：文津出版社，2005年，222-223頁）。

2　賀昌群：《一個對比》（1934年），《賀昌群文集》，第3卷，546頁。

越多的近代史研究涉入更具體的層面，或許是一種欣欣向榮的現象。

首先，歷史上每一人和事，都有其獨特性。蘭克曾說：「每個時代都直接與上帝相關聯。每個時代的價值不在於產生了什麼，而在於這個時代本身及其存在。」[3]這一見解可以推廣，不僅時代，大至文化、族群、國家，小至個人和細事，都有其獨立的「主體性」。梁啟超後來甚至提出，「歷史現象只是『一躺過』」，故史家的工作，是「專務求『不共相』」。[4]此說或有些偏，但不要忘記，我們的研究對象，本身也是歷史的主體，他／它們的主體性，確不容忽視；而所有的主體性都是獨立的，這就奠定了往昔的獨特性。[5]

這一點更因史料存留的實質而強化。我們所面對的史料，不論古代近代，不論是稀少還是眾多，相對於原初狀態而言，其實都只是往昔所遺存的斷裂片段。就是像中國史學那樣一直重視當下的記錄功能，所能記下的也不過是一種人為選擇的遺存；與未被選留的部分比較，仍不過是九牛一毛而已。從這個意義上言，歷史的斷裂和片段特性是無庸諱言的。可以說，史學從來就是一門以碎片為基礎的學問。

我的基本看法，第一，史料本有斷裂和片段的特性，則史學即是一門以碎片為基礎的學問。第二，即使斷裂的零碎片段，也可能反映出整體；需要探討的，毋寧是怎樣從斷裂的片段看到整體的形態和意義。這已牽涉到史學的基本面相，個人學力有限，不得不多引前賢之言，以壯聲勢。

3　蘭克：《歷史上的各個時代》，斯特凡・約爾丹、耶爾恩・呂森編，楊培英譯，7頁。

4　梁啟超：《研究文化史的幾個重要問題──對於舊著〈中國歷史研究法〉之修補及修正》（約1922年12月），《飲冰室合集・文集之四十》，1-2頁。並參見李大釗：《史學要論》（1924年），《李大釗文集》（4），李大釗研究會編，412頁。

5　參見羅志田：《相異相關的往昔：史學的個性與通性》，《社會科學戰線》2012年2期。

一 言有枝葉：直面歷史的斷裂和片段特性

從史料存留的殘缺角度言，每一時代的差別，也只是五十步與百步的程度不同。即使不論史料存留的片斷特性，時代的斷裂經常發生，也是不可否認的。尤其像近代中國這樣天崩地裂式的大中斷，是必須認真對待和處置的。

通常一時代一社會之典範未變，則可能維持所謂「道一同風」的狀態；而「道」一旦失範，典範不能維持，就容易雜說並出，即《禮記・表記》所說的「天下無道，則言有枝葉」。劉咸炘所謂「道晦而學末，學末而各道其道」，[6]是很有分寸的概括。

然而，「各道其道」，也可以有多種表現形式。傳統中斷之後，確可能出現非復既往的散亂無序狀態。常乃惪曾說：「一種文化，當其主要之一部分改變之後，縱然其他部分仍然保留，就全體的見地言，已經不與舊時相同了。」[7]本體既失，各部分便不復能展現整體。若處於類似近代經典淡出後的語境之中，則舊事物的殘存即或復出，也可能更多是一種無序的再現，帶有似是而非的特點。不僅從全體著眼已不同，就部分本身言也未必同。如麥金太爾（Alasdair C. MacIntyre）所言：許多關鍵性詞彙仍被繼續使用，卻僅是先前概念體系的斷裂殘片，未必完全表現著這些術語曾有的涵義。[8]

故進一步的問題是，斷裂的片段可以反映出整體嗎？假如歷史是一棵樹，其理想狀態便是「一干豎立、枝葉扶疏」。但這只在熱帶或

---

6 劉咸炘：《中書・流風》，《推十書》，50頁（冊一）。

7 常乃惪：《與王去病先生討論中國文化問題（續）》，《民國日報・覺悟副刊》，1928年4月13日，2版。

8 Alasdair C. MacIntyre, *After Virtue: A Study in Moral Theory*, Notre Dame, Ind.: University of Notre Dame Press, 2nd ed., 1984, pp. 1-3. 此書有中譯本：《德性之後》，龔群、戴揚毅等譯，北京：中國社會科學出版社，1995年，參見3-4頁。

溫帶的一些地區才可能始終如此，在其他很多地方，秋風掃落樹上的葉片是一個常見的現象。冬天的一棵樹可能葉子很少，甚至光禿禿的。我們現在見到的許多史料，既可能是往昔那兀立的禿幹，也可能是折斷的枯枝，更可能就是一片片散亂的落葉。惟不論幹、枝、葉，都有其「獨立的生命」或單獨的意義。[9]很多時候，葉片的獨立意義固然不能取代它們與樹幹連接在一起時的意義，後者卻仍可反映在飄零的落葉之中。幹、枝亦然。

我們現在知道，任何脫離整體的生物片斷，都保留著原有的基因；若得到很久以前的生物碎片，便可通過 DNA 的檢測反觀生物的整體。文化其實也相近。文化基因的傳承能力，包括中斷後的傳承，是非常強的。例如，四川至少從漢代起，其文化特色以今日所謂「文學」見長，而正統的經學則相對弱（至少對經典的理解和表述，都與中原互異）。因明末的戰亂，四川人口劇減至清初的不足十萬戶，在「湖廣填四川」後更成為一個移民為主的社會。但直到清末民初，四川仍以「文學」見長；而在經學方面，也還頗顯特異之處（後來公認的大師廖平，便曾被視為儒學異端）。[10]

退而言之，即使是滴水可見太陽或月映萬川那種間接的映照關係，在太陽和月亮從我們視野中的天空消失之後，映像過太陽的水滴和映照過月亮的萬川仍存留著日月的痕跡。章太炎所謂「空中鳥跡，甫見而形已逝」，[11]其實未逝，不過需要特定的觀測手段和方法才可見。今人可用高倍攝影留其痕跡，而惠施所謂「飛鳥之景，未嘗動也」（《莊子‧天下》），也是一由影觀形的側面進入之法（詳另文）。

---

9 若深入追尋，樹也是個「片段」——它本從種子一路成長而來，而種子又是樹所結之果實。樹既非起源，又非結果，而有其價值。樹如此，枝、葉亦然。

10 參見羅志田：《巴蜀文化的一些特色》，《社會科學研究》2011年6期。

11 章太炎：《國故論衡‧文學總略》，54頁。

　　且傳統的中斷永遠不是絕對的。馬克思曾說，「陳舊的東西總是力圖在新生的形式中得到恢復和鞏固」。[12]蒙思明也提出，「某事件的史料消亡」，未必意味著歷史上「並無其事」，更不能以為其「對於我們當前的生活與思想就無影響」。[13]所謂傳統，或許就像孔子所說的，「視之而弗見，聽之而弗聞」，同時又「洋洋乎如在其上，如在其左右」（《禮記・中庸》）。古人常說：鹽化於水，鹽已無形，而仍在水中；且每一滴水中，皆有鹽在。歷史亦然。它早已進入我們的生命之中，成為我們日常生活的一部分，招之未必來，揮之難以去；就像曾化於水的鹽，不必有形，不必可見，卻始終存在，且無所不在。

　　進而言之，散碎其實有著多方面的涵義。中國固有的表述風格，提示出片段不一定就是斷裂，反可能是表述者有意為之，不過點到為止，甚至故作不言之言。中國古人著述的特點，不僅長期體現著傅斯年所謂「電報語法」的特徵，語尚簡潔；而且有著一種學理的自覺，即承認言不盡意，卻又很注重言外之意，甚至追求一種馮友蘭所說的「明晰不足而暗示有餘」的表述方式。

　　馮先生注意到，「富於暗示，而不是明晰得一覽無遺，是一切中國藝術的理想」。按道家的說法，「道不可道，只可暗示。言透露道，是靠言的暗示，不是靠言的固定的外延和內涵」。古人「慣於用名言雋語、比喻例證的形式表達自己的思想」。而「名言雋語一定很簡短，比喻例證一定無聯繫」，皆不夠明晰。然雖「明晰不足，而暗示有餘，前者從後者得到補償」。且正因昔人的「言論、文章不很明晰，所以它們所暗示的幾乎是無窮的」。[14]

　　或因此表述風格的影響，或因為時代的距離，也可能就因研究者

12　馬克思致弗・波爾特，1871年11月23日，《馬克思恩格斯選集》，第4卷，394頁。

13　蒙思明：《歷史研究的對象》，《華文月刊》1卷6期（1942年11月），15頁。

14　馮友蘭：《中國哲學簡史》，《三松堂全集》，第6卷，14-15頁。

的成心在，都可能造成今昔的不理解。故熊十力提醒我們：從表面看，「古人著書，雖無體系，而其思想囊括大宇、窮深極幽，絕非零碎感想」。善學者當「由其散著之文，以會其無盡之意」。[15]其實，說古人著書無體系，多少也帶有後人的「體系」觀。在朱子看來，「聖人言語，皆枝枝相對、葉葉相當，不知怎生排得恁地齊整。今人只是心粗，不子細窮究。若子細窮究來，皆字字有著落」（《朱子語類‧讀書法上》）。讀者一旦明白了字字的著落，「枝枝相對、葉葉相當」的整齊排列就會自然顯現。

後人眼中的「體系」或非昔人的追求，然第一可知其絕非零碎感想，第二他們還可能是有意追求一種「枝葉」式的表述。再看《漢書‧藝文志》描述漢代經學的現象：

> 經傳既已乖離，博學者又不思多聞闕疑之義，而務碎義逃難，便辭巧說，破壞形體；說五字之文，至於二三萬言。

這不就是孟子所謂「不揣其本，而齊其末，方寸之木，可使高於岑樓」（《孟子‧告子》）的典型現象嗎？若揆諸前引《禮記‧表記》關於「天下無道，則辭有枝葉」的說法，在一般以為經學確立也特別繁盛的時代，其說經方式卻表現出了「天下無道」的徵兆，豈不可思！

若從「各道其道」的眼光看，「辭有枝葉」本身固是一種典範衰落的現象，惟在典範既逝、「道術將為天下裂」之時，各種思想處於競爭中，「天下之人各為其所欲焉以自為方」，卻也未必不是一種有意的表述方式。傳統中斷之後，則「百家往而不反，必不合」（以上皆《莊子‧天下》）。

---

15 熊十力：《十力語要初續‧仲光記語》，《熊十力全集》，第5卷，207頁。

　　章學誠進而從「六經皆器」的視角詮釋說，只有「官師治教合，而天下聰明范於一，故即器存道，而人心無越思」。必典範存在且具有威權，則人「不自著為說」，也不「離器言道」。一旦「官師治教分，而聰才智不入於範圍」，則人皆「各以所見為固然」。諸子紛紛言道，更「皆自以為至極，而思以其道易天下」，[16]已是典型的「往而不反」現象。亦即熊十力所說，「下流之水，既離其源，便自成一種流，而與源異」。[17]

　　故因傳統中斷而散亂無序，僅是「各道其道」的一種現象；因中斷而獨立，則是「各道其道」的另一種現象。

　　就學術言，一旦下流的獨立成為一種定見，便有所謂門戶的確立，並會形成某種思維定見（即莊子所謂成心，或西人所說的 mental set），影響學人的眼光，出現仁者見仁、智者見智的效果。廖平以為，《春秋》「三傳本同，自學人不能兼通，乃閉關自固。門戶既異，矛盾肇興」。[18]按三傳之同，或更多指其根源；其具體詮釋，當然有同也有異。但不論同異，都不僅有中斷，更可能見創新。尤其「百家眾技也，皆有所長」（《莊子‧天下》），「枝葉」式的表述，或許即是開啟一片「非常異義可怪之論」的機緣。[19]

　　錢鍾書就曾注意到，往昔「許多嚴密周全的思想和哲學系統，經不起時間的推排消蝕，在整體上都垮塌了」。對後人而言，往往只有一些片段思想還有價值。不過他也補充說，「脫離了系統而遺留的片段思想，和萌發而未構成系統的片段思想，兩者同樣是零碎的」。這

---

16 章學誠：《文史通義‧原道中》，39-40頁。

17 熊十力：《讀經示要》（1944年），《熊十力全集》，第3卷，第673頁。

18 廖平：《公羊驗推補證凡例》，《國粹學報》第2年第7期（1906年8月），頁6b（「學篇」欄頁）。

19 「非常異義可怪之論」出自何休《公羊傳注自序》，關於其積極的創獲一面，參見蒙文通：《孔子和今文經學》，《經史抉原》（《蒙文通文集》第3卷），157-221頁。

一區分至關緊要——碎片既可能是凋零的結果，也可能是創新的起點。不能因為「這些雞零狗碎的東西不成氣候」，是「孤立的、自發的偶見，夠不上系統的、自覺的理論」，就忽視它們。「正因為零星瑣屑的東西易被忽視和遺忘，就愈需要收拾和愛惜」。這些「自發的孤單見解」，可能就是「自覺的周密理論的根苗」。[20]

簡言之，第一，即使斷裂的零碎片段，也可能反映出整體；第二，有些看似散碎的片斷，卻可能是有意為之，要善於從散碎的表象看到其背後隱伏的體系或關聯；第三，中斷亦如四時，「終則有始」（《易・恒・象辭》），方死方生，它本身可能是獨立的前兆，故片斷也可能是創新的機緣，甚或本是新說的起點。

如果承認史學本是一門以碎片為基礎的學問，則其基本精神，或許就是知其不可而為之。更進一步的問題是，我們怎樣從斷裂的片段看到整體的形態和意義？或者說，我們怎樣使書寫出來的歷史並非一堆錯落無序的單詞片語，又盡可能避免讓歷史成為後人的系統性「代言」，而失卻了本來的面目？

文化 DNA 的檢測，當然沒有生物學那麼直截了當，但至少提供了一種可能的思路。畢竟歷史文獻中任何「單詞片語」，都有「時代思想之背景在其後」。[21]史學不能無中生有，卻可以由末見本（這是史學方法的一個要項，詳另文）。楊國強教授有句名言：清季士人的思緒，「化作了一地碎散的文辭」。[22]後之學者的任務，可能就是要收拾

---

20 錢鍾書：《讀〈拉奧孔〉》，《七綴集》，北京：三聯書店，2002年，33-34頁。

21 梁啟超：《中國歷史研究法》，《飲冰室合集・專集之七十三》，12-13頁。

22 楊教授並說，這一地散碎的文辭，「當時和後來都沒有辦法串起來」。楊國強：《晚清的士人與世相》，北京：三聯書店，2008年，344頁。我的感覺，他就像傅斯年反對「疏通」（參見羅志田：《證與疏：傅斯年史學的兩個面相》，《中國文化》2010年秋季號），主要是針對別人而不是說自己。蓋其自己的研究皆識見宏通，處處都在串起那一地碎散的文辭。

那一地散碎的文辭。這既非不可能，也不那麼簡單。

二　以碎立通：收拾一地散碎的文辭

假如那一地碎散的文辭原是一串或多串的錢，它們是可以重新串起來的，因為錢幣是按模具人工製作的，其共性遠大於其個性；但若它們根本就是一地秋風掃下的落葉，離開了與樹幹相連的樹枝，甚或被吹離了原來的樹林，還能復原其本義麼？最理想的狀態，是我們能找到其原來的樹，通過樹枝確立落葉和樹的關聯。但更多時候，我們恐怕不得不面臨一個無法覓得其原樹的狀態，或無法重建其與原樹的關聯。

於是產生了問題：一方面，在失去了原有的穿錢繩索之後，以現代的繩索重新串起來的錢幣，是否還具有接近原狀的意義？或在多大程度上還能體現其原初的意義？另一方面，如果不能確立落葉與樹的關聯，即使我們搜集起一堆落葉，我們怎樣理解特定的一片樹葉或一堆樹葉？怎樣把它或它們置入我們希望再現的歷史場景之中？進而言之，即使那一地碎散的文辭原就是一些散亂而零碎的無系統見解，他們是否有某些時空的共性，經過整合可以表現出某種未必系統卻具有關聯性的意義？這樣的歷史意義究竟類似於樹葉構成的拼圖，還是新繩索串起來的舊錢幣？這些恐怕都是見仁見智、仍存爭議的問題。

非常可能的是，後人用樹葉構成的拼圖，更多不過反映出拼接者對樹葉的認知。即使用新線繩串起了舊錢幣，也很可能帶有新線索的時代意識、反映出串錢者的後起立意。遑論那些原本確實散碎的零星史料。但如果把歷史看作一個繼續發展的進程，後人對往昔的重構，不論是否是復原或再現，或在多大程度上可以算是復原和再現，它們已然是我們文化的一個組成部分。我們也許不能兩次踏進同一條河，

然而河的下游仍然流淌著上游的源頭活水；且不論後之整合是復原還是再造，多少都有往昔的因素在，因而也是往昔的一種再生。

引申而言，上述所謂斷裂的碎片，也近於我們通常所說的細節。史貴能見其大，而不避其細。治史以具有通識為上，而任何通識，都靠細節支撐，並須以細節約束。

《管子》言，「苟大意得，不以小缺為傷」（《管子‧宙合》）。故廖平以為，治學當「先急其大者，而小者自不能外。若專說細碎，必失宏綱，而小者亦不能通」。[23]在取向上或可先大後小，在態度上則應平等看待大與小。如張申府所說，以求真求實為目的者，「大至於僅約略可想像不可測度的全宇宙，小至於幾萬倍的顯微鏡下看清楚的微塵」，都要「一律看待」。[24]

一方面，大體不存（或被修改）便可能破碎。如《漢書‧藝文志》所謂「古之學者耕且養，三年而通一藝，存其大體」；而後世經傳乖離之後，學者「務碎義逃難，便辭巧說」的結果，卻是「破壞形體」。另一方面，細節去則同異失而關係斷。呂思勉指出，「史事關係之有無，實為天下之至賾」。一些看似無可隸屬的零星之事，若因修史者「見為無關係而刪之，在後人或將求之而不得」。修通史者常「除去復重，然同異即在復重之中」。[25]重複除則同異失，史料之間本可顯現的關係，也就切斷了。

在實際研究中，有時一個細節即可導致根本的轉變：「小事似無關係，然大事實合小事而成。一節模糊，則全體皆誤。」[26]蓋「考證上的事情，往往多一條證據，少一條證據（如發現不足信的材料，抽

---

23 廖平、吳之英：《經學初程》，成都：存古書局，1914年，9b頁。

24 赤（張申府）：《自由與秩序》，《每周評論》30號（1919年7月13日），1版。

25 呂思勉：《史籍與史學》，《呂著史學與史籍》，46-47頁。

26 呂思勉：《史籍與史學》，《呂著史學與史籍》，63頁。

去一條），事相即為之大變」。[27]故「考據之家，一字為寶」；[28]「一瓦一甓，大匠不棄」。[29]

更重要的是，朱子已注意到，「聖人言語，皆枝枝相對、葉葉相當」；後人必仔細窮究，方「字字有著落」，而可見其整齊的排列。若心粗而不仔細窮究，即使在尊經時代，聖人言語也可能被人作「碎片化」的理解。故蒙文通要求學生「養成讀書要細緻的習慣」。平時讀書中遇到細小問題，「莫嫌其細小」，都必須搞清楚，因為它們「常常也會給我們提出一些重要問題」。[30]

微末細節的建設性意義，正在於從中可能看到與整體相關的重要的問題。具體之一法，或即如蔣夢麟所說，「在整體上發現細微末節的重要性」。[31]傅斯年在討論專史和全史的關係時強調，專史乃「全史上之一面」，做專史要記住「無以一面之故，忘卻歷史大輪廓上所示之意義」。[32]在此基礎上，「考定一書的時代，一書的作者，一個事件之實在，一種議論的根據」，雖是具體問題，「也正是通史中的事業」。[33]

細節與整體，本是一種相輔相成的關係。朱子曾論《大學》說，「必析之有以極其精而不亂，然後合之有以盡其大而無餘」。[34]析之極其精，正為合之盡其大；若不能析之極其精，也就很難合之以盡其大

---

27 呂思勉：《歷史研究法》，《呂著史學與史籍》，25頁。

28 呂思勉：《史籍與史學》，《呂著史學與史籍》，46頁。

29 錢穆：《序言》（1933年），《古史辨》（四），4頁。

30 蒙文通：《治學雜語》，收入蒙默編：《蒙文通學記（增補本）》，13頁。

31 蔣夢麟：《西潮》，臺北中華日報社，1960年再版，25頁。

32 傅斯年：《中國民族革命史》，未刊稿，原稿存臺北中研院史語所傅斯年檔案中。

33 傅斯年：《中國古代文學史講義·敘語》，《傅斯年全集》，第1冊，12頁。

34 朱熹：《四書或問·大學》，黃坤點校，上海：上海古籍出版社，合肥：安徽教育出版社，2001年，9頁。

了。故柳詒徵主張,「非大其心以包舉萬流,又細其心以釐析特質,不能為史,即亦不能讀史」。[35]

陳寅恪就向來注重從細節看整體,又將細節置於整體之中。這一取向在其研究中體現得極為充分。在他眼裏,任何「具體之一人一事」,都始終反映著所處時代和社會文化那「抽象理想之通性」。[36]王國維治學,也是「從弘大處立腳,而從精微處著力」;故「雖好從事於個別問題,為窄而深的研究,而常能從一問題與他問題之關係上,見出最適當之理解,絕無支離破碎、專己守殘之蔽」。[37]兩人的治學取向,最能體現劉咸炘所謂史學當「似個別而實一貫」的通達見解。[38]

疏通知遠是中國傳統學術一個長期追尋的目標,而真能疏通知遠者,又從不忽視具體的一人一事一物。《中庸》所謂「致廣大而盡精微」,最能概括這一精神。清代訓詁學盛,學者知字字有用,一不可忽。考證學興,草木蟲魚,皆可見道;也只有將其弄得清楚明白,方可見道。治學之趨向,於是大異。史學亦在此風氣影響之下,細節之可貴進一步凸顯,甚至可以說幾乎沒有不重要的細節。但這一取向在當年就曾引起反彈,視為支離破碎,無關大體。入民國後,考據瑣碎之批評,更不絕於耳。

早年也曾批評清儒的顧頡剛,後來認識到,「人的知識和心得,總是零碎的。必須把許多人的知識和心得合起來,方可認識它的全體」。學理如此,學術史上的實際歷程亦然:「必有零碎材料於先,進一步加以系統之編排,然後再進一步方可作系統之整理。」如若只

---

35 柳詒徵:《國史要義》,上海:華東師範大學出版社,2000年,102頁。

36 陳寅恪:《王觀堂先生挽詞序》(1927年),《陳寅恪詩集》,10頁。

37 梁啟超:《〈國學論叢・王靜安先生紀念號〉序》,《〈飲冰室合集〉集外文》,2005年,1075-1076頁。

38 劉咸炘:《先河錄・序》(1929年),《推十書》,744頁(冊一)。

「要系統之知識，但不要零碎的材料，是猶欲吃飯而不欲煮米」。有些因時代風氣而氣魄恢宏的東西，一旦風氣轉變，轉瞬即「煙消雲散」。故「與其為虛假之偉大，不如作真實之瑣碎」。[39]在此基礎上，他深感「清人之學範圍固小，其成就固零碎，然皆徵實而不蹈虛」。且因清代考據「已遍及各個角落」，若「能集合同工，為之作系統之整理，組織其研究結果」，便易「獲得全面性之結論」。[40]

實際上，碎與通雖有緊張衝突的一面，卻也呈現出對立統一的辯證關係。錢穆指出，很多人以為「考據瑣碎」，其實是自己「徘徊門戶之外，茫不識其會通，而譏其碎」。蓋碎是通的基礎，「非碎無以立通」。[41]錢基博稍後申論說，「讀書欲得要領，貴乎能觀其會通。然欲觀其會通，必先分部互勘」。否則就可能「以籠統為會通」。[42]這是對「非碎無以立通」的最好詮釋，會通自分別、比較得來，能分而後能通；細節中可以見整體，也只有從細節入手，才能認識整體。不以細節為基礎，就只是籠統，而不是會通。

由於現存史料在本質上就是斷裂而零散的，在每一「個別」之中，或不一定都能找到「共通性」；且每一細節與大局的關聯程度，也可斟酌。但在一定的範圍裏，各細節之間往往是相互關聯的，有時甚至到了相生相剋的程度。重要的是，相互的關聯性多少也反映著共通性。碎片的積累和重複，就是展現異同的基礎；史料之間的關係，常顯現在異同之中。很多時候，我們不僅需要從斷裂的碎片中看到整體，也只能從殘存的斷片中瞭解整體。

---

39 顧頡剛：《零碎資料與系統知識》，《顧頡剛全集・讀書筆記》，北京：中華書局，2011年，第4卷，501頁。

40 顧頡剛：《浪口村隨筆・序》（1949年7月），《顧頡剛全集・讀書筆記》，7頁。

41 錢穆：《序言》，《古史辨》（四），4頁。

42 錢基博：《〈史記〉之分析與綜合》（1935年），《錢基博學術論著選》，曹毓英選編，448頁。

陳寅恪早就提出,「吾人今日可依據之材料,僅當時所遺存最小之一部」。史家只能「藉此殘餘斷片,以窺測其全部結構」。故必須具備「藝術家欣賞古代繪畫雕刻之眼光及精神,然後古人立說之用意與對象,始可以真瞭解」。[43]另一方面,如他在「晉至唐史」課堂上告訴學生的,若「一幅古畫已殘破,必須知道這幅畫的大概輪廓,才能將其一山一樹置於適當地位,以復舊觀」。[44]這樣的「繪畫眼光」,正體現著碎與通的辯證關聯。

這裏最需要的,就是歷史想像力。如顧頡剛後來所說,「古史本屬破甌,不作假想就聯繫不起」。[45]張爾田也認為:「歷史事實,當初如一整碗,今已打碎。欲為之補全,其有縫可合者,固無問題;但終不免有破碎無從湊泊之處,即不能不用吾人經驗判斷所推得者,彌補完成。」[46]兩人想法相近,都想要從斷片復原整體(有意思的是,通常視為守舊的張爾田主張更理性的推理,而一般以為更「科學」的顧頡剛則敢明言「假想」)。

然而想像也當有限度,正因材料不全,敘述就不能不留有餘地,切忌過於「系統」和「整齊」。更早提出此說的傅斯年也更有分寸,以為「歷史本是一個破罐子,缺邊掉底,折把殘嘴,果真由我們一整齊了,便有我們主觀的分數加進了」。[47]作為一種始終從殘餘斷片窺測

---

43 陳寅恪:《馮友蘭〈中國哲學史〉上冊審查報告》,《金明館叢稿二編》,上海:上海古籍出版社,1980年,247頁。

44 卞僧慧:《陳寅恪先生年譜長編(初稿)》,北京:中華書局,2010年,363頁。

45 顧頡剛:《科學思維與宗教神話之聯繫;向新的知識領域探索之不易》,《顧頡剛全集・讀書筆記》,第10卷,184頁。

46 張爾田:《與大公報文學副刊編者書六・論作史之方法與藝術》,《學衡》71期(1929年9月),10-11頁(文苑欄頁)。

47 傅斯年:《評丁文江〈歷史人物與地理的關係〉》(1924年),《國立中山大學語言歷史研究所周刊》,1集10期(1928年1月3日),223頁。

全部結構的藝術，任何歷史敘述，多少都有些史家「主觀的分數」在裏面。也只有一面不放棄對客觀的追求，同時以「多元主義」來彌補「主觀主義」。[48]蓋歷史現象本「是極復元（heterogeneous）的物事」，如「不從小地方細細推求比論，而以一個樣子定好」，則難免疏誤。[49]

畢竟史學不是一個可以通過實驗來驗證的學問，眾多選項的平等（即不具排他性）存在，是治史者進行比較和做出選擇的基礎，也是讀史者形成判斷、決定取捨的基礎。研究和敘述取向越「多元」，呈現出的史事越豐富，便越可能接近研究對象的「全部結構」。既要肯定歷史的豐富性，並力圖將其峰迴路轉的原貌呈現出來；又要充分承認史料的有限性，願意接受不那麼系統整齊的歷史作品。歷史本是已逝的往昔，在這方面，文物界所謂「修舊如舊」的講究，是可以借鑑的（唯所謂「舊」，也有當世原狀和存留狀態的區分）。若歷史的豐富一面得到凸顯，則其雖不那麼「整齊」，可能還更接近史事發生發展的原狀。

三　餘論

就前引賀昌群所謂「三五小星在夜天閃爍」之比喻言，星光不過是星空最顯而易見者，後面還有那漫無邊際的「夜天」在；沒有遼闊的夜幕，也就無所謂閃爍的小星。整體從未隱去，只是所見層次有深淺之別。史學的具體問題，就如一顆顆寥落孤星，星點之光既是星與星反射彼此之光（日月亦星體），也是其自我狀態的無聲言說。如果

48　傅斯年：《臺大〈社會科學論叢〉發刊詞》（1950年），《傅斯年全集》，第4冊，362-363頁。

49　傅斯年：《評丁文江〈歷史人物與地理的關係〉》，《國立中山大學語言歷史研究所周刊》，1集10期，223頁。

我們既看到孤星的閃爍，又看到諸星之關聯，復不忘其背後無盡的夜
幕，則史學之具體研究，雖在細節而不廢整體，且與其他細節交相輝
映，乃一片廣闊的天地，又何需憂慮什麼碎片化？[50]

　　且從上面的討論看，如果史學本是以碎片為基礎的學問，似亦不
必太擔心歷史研究的「碎片化」。相反，比較可怕的是，即使在一些
已顯「瑣碎」的題目中，還是常見從頭到尾的空論。若習慣了蹈空之
論，久假忘歸，或淪入真正的歷史虛無取向，即朱子所警告的「只愁
說到無言處，不信人間有古今」（《寄懷》）。至少對史學的初入道者而
言，題目不論大小，論述都宜由虛入實。把問題講清楚了，再言能見
其大不遲。

　　在我們的學術流程中，確有一個真正導致了全文科研究「碎片
化」的因素，那就是很多刊物的字數限制：不少刊物都將文長限制在
萬字以下，甚至更少（這是名副其實的中國特色，歐美學術刊物文長
動輒數萬字，很少看到這樣「少而精」的現象）。通常一個稍有意義
的題目，多少總要回溯既往的研究，以將本文論題置入學術脈絡之
中；然後要提出自己的新見，並以史料為基礎論證之；有時還需要適
當的總結，或對可以繼續開展的研究提出建議。試想，除極少數可遇
不可求的題目外，有多少不破碎的論題能在萬字以內完成這些任務？
或者說，在萬字以內能達成上述要求的，能夠是多「大」的題目？若
在這樣的字數範圍裏討論宏大的主題，除了定性表態，我們還能做
什麼？

　　同時也要注意，前些年西方流行的「微觀史」，就是通過對無名
之輩的生命和觀念進行細緻分析來展現普通人的思想世界，其核心是
以可分享的個體生活「經歷」來顛覆被既存論說抽象出來的整體歷史

---

50 此承北京大學歷史學系王果同學提示。

「經驗」。其所針對的，正是更早那些眾皆認可的宏大敘事。這些作者和作品，既是多斯《碎片化的歷史學》一書所抨擊的「碎片化」典範（儘管那些作者未必承認），也是我們不少學人讚歎、傳播和臨摹的榜樣。

我無意在這裏討論究竟什麼是我們應當做的（我的基本看法，一、凡是可以幫助我們理解往昔的取向，都是可以嘗試的；二、史學界存在多種不同的取向、而不是一種眾皆認可的取向，才是最正常也最理想的狀態），我只希望那些擔憂近代史研究已呈「碎片化」的學者，不妨想想自己究竟期望一種什麼樣的學術氛圍？任何一項具體的課題，研究者都不能不對中國近代史的框架、主線、或基本傾向等有自己的認識，否則便難以推進；但我們似不必要求所有學人，特別是初入道的年輕學人，都來辯論什麼是中國近代史的主線和特性。

學術的整體發展正類積薪，後來者居上。李濟向來主張學者思考和解決基本問題，但他也指出：「考古學上所能解決的，也並沒有『全面的』。縱然有一個像是全面的解決，也是靠著一點一滴小解決積起來的。」[51]顧頡剛也強調：「千萬個小問題的解決，足以促進幾個中問題的解決；千萬個中問題的解決，足以促進幾個大問題的解決。只要我們努力從事於小問題的研究而得其結論，則將來不怕沒有一個總結論出來。」[52]

「總結論」一說或隱含歷史終結之嫌，但學術認識的確是層層推進的。文武之道，一張一弛。過去的幾十年甚至上百年中，我們史學界真正關注具體研究的時段實在不多。如徐秀麗教授所言，近年相對

---

51 李濟：《小屯地面下的先殷文化層》（1944年），《李濟考古學論文選集》，張光直、李光謨編，284頁。

52 顧頡剛：《〈古史辨〉第二冊自序》（1930年），《顧頡剛全集·古史論文集》，第1卷，93頁。

興盛的「『窄而深』的研究」，自有其特定的針對性；既是「近代史學
科發展道路上的必經階段，也是重新進行理論建構的必要前提」。[53]我
的感覺，這個「必經階段」才剛剛開始，與「必要前提」尚有不短的
距離。

（原刊《近代史研究》2012年4期）

---

53 徐秀麗：《從引證看中國近代史研究（1998-2007）》，《近代史研究》2009年第5期，
62頁。

近現代中華文化思想叢刊 A0102002

近代中國史學述論　下冊

作　　者　羅志田

責任編輯　楊家瑜

發 行 人　陳滿銘

總 經 理　梁錦興

總 編 輯　陳滿銘

副總編輯　張晏瑞

編 輯 所　萬卷樓圖書股份有限公司

臺北市羅斯福路二段 41 號 6 樓之 3

電話 (02)23216565

傳真 (02)23218698

出　　版　昌明文化有限公司

桃園市龜山區中原街 32 號

電話 (02)23216565

發　　行　萬卷樓圖書股份有限公司

臺北市羅斯福路二段 41 號 6 樓之 3

電話 (02)23216565

傳真 (02)23218698

電郵 SERVICE@WANJUAN.COM.TW

ISBN 978-986-496-098-9

2019 年 1 月初版二刷

2018 年 1 月初版

定價：新臺幣 320 元

如何購買本書：

1. 劃撥購書，請透過以下郵政劃撥帳號：

帳號：15624015

戶名：萬卷樓圖書股份有限公司

2. 轉帳購書，請透過以下帳戶

合作金庫銀行 古亭分行

戶名：萬卷樓圖書股份有限公司

帳號：0877717092596

3. 網路購書，請透過萬卷樓網站

網址 WWW.WANJUAN.COM.TW

大量購書，請直接聯繫我們，將有專人為您

服務。客服：(02)23216565 分機 610

如有缺頁、破損或裝訂錯誤，請寄回更換

國家圖書館出版品預行編目資料

近代中國史學述論 / 羅志田著.-- 初版.-- 桃

園市：昌明文化出版；臺北市：萬卷樓發

行, 2018.01

　冊；　公分.--（中華文化思想叢書）

ISBN 978-986-496-098-9(下冊：平裝)

1.史學史 2.近代史 3.中國

601.92　　　　　　　　　　　107001268